JN066264

Illinois

IL

F

イリノイ州

contents

ナビ入力住所

Mica info
レンタカーは
スタンダード SUV
クラス位を目安に

400 Lee St,
Des Plaines, IL

イリノイ州 IL 462km

565 W Jackson. Blvd,
Chicago, IL

元気を
頂きました

▼旅の始まりはこの map から

名物ウエイトレス Donna さん▲
93歳（2021年現在）
2019年にお会いした時も現役
お会いしたい方はお店に確認を
　土・日出勤 (2021年)

CHICAGO O HARE INTERNATIONAL AIRPORT

シカゴオヘア国際空港

レンタカー行きのバスに乗ってレンタカーを借りる
レンタカーは日本で予約　必ずフルカバー保険に！

■マクドナルド１号店ミュージアム
　Mc DONALD'S #1 STORE MUSEUM
博物館
５月最終日の木金土　９月第１週まで
シカゴオヘア空港から15km
10：30〜14：30　日−水休み
☎ (847)297−5022

CHICAGO

R66出発は
ここから

シカゴ

■ルーミッチェル　LOU MITCHELL'S RESTAURANT
朝食とランチの専門店
　マザーロード最初の停留所
The First stop on the Mother Road

Mica info
旅チャンネルで
放映されたお店…
TV.　1998年放映

1923年から営業　開店当時のまま
ギリシャ風オムレツはミニフライパンにのって登場
パンケーキはフワフワの食感
開店当時から　変らない
　手作りのマーマレード　マヨネーズ
入店すると「ミルクダッズ」
　キャラメルチョコプレゼント
オーナー　キャサリン・タナスさん
アメリカ国家歴史登録財

月〜金	5：30〜15：00
日	7：00〜15：00
土	7：00〜16：00

☎ (312)939−3111

▲おすすめはパンケーキと
ギリシャ風オムレツ

ナビ入力住所	

225 S Canal St, Chicago, IL

■ユニオンステーション　UNION STATION
グレートホール東側
映画「アンタッチャブル」
　　　　　　　　　　1987年
乳母車が階段を落ちるシーン
・時計は映画のみ
1930年にタイムスリップ
ルーミッチェルから
徒歩で行ける

78-98 E Adams St, Chicago, IL

■R66 BEGIN SIGN
シカゴスタートの
サインボード
1953年ジャクソン st. が
一方通行になり
スタートサインのみ
アダムス st. に移動

98-66 E Jackson Blvd. Chicago, IL

■R66 END SIGN
1953年　BEGIN&END が
ここにあった
一方通行により
起点のみ移動

R66東の終点

399 E Jackson Dr, Chicago, IL

■元々の R66スタート地点
Lake Shore Dr.
何も無い交差点が元々のスタート地点
1926年まで起点・終点があった
1937年　移動
今は交通量が多く
駐車するのは難しい

WILLOWBROOK

ウィロウブルック

■デルレアチキンバスケット
　DELL RHEA'S CHICKEN BASKET
1930年代後半　ガソリンスタンド
地元農家の女性からフライドチキンのレシピを伝授
お店に出した事で　人気のメニューに
今でも　当時と同じレシピのチキンバスケット
1946年　今の地に　当時の建物
場所が R66から途切れ I-55から外れた所にある
お店は見えるが迂回…複雑な道
11:00〜22:00
☎ (630)325-0780
旅チャンネルで放映されたお店

645 Joliet Road.
Willowbrook, IL

I-55 & Route83

JOLIET

鉄道と貨物船で発展した町　ジョリエット

■ルート66ウェルカムセンター
　ジョリエット歴史博物館
　JOLIET HISTORICAL MUSEUM
R66資料が一通りそろう

火〜土	10:00〜17:00
日	12:00〜17:00
月	休み

☎ (815)723-5201

204 N Ottawa St,
Joliet, IL

Mica info
ブルース・ブラザーズと一緒に

ナビ入力住所

**101-137 Rudy St,
Joliet, IL**

**19356 NE Frontage
Rd. Joliet, IL**

**102 N Chicago St,
Joliet, IL**

**1125 Collins St,
Joliet, IL**

■ドローブリッヂ　DRAW BRIDGE
1935年　開通　跳ね上げ式の橋
ホテル ハラーズ・カジノ・アンド・ホテルの目の前
ホテルを目指す

> ハラーズ住所
> 151N Joliet st. Joliet, IL

■コンラッドハーレーダビッドソン
　CONRAD'S HARLEY-DAVIDOSN

火～金	10:00～18:00
土	10:00～17:00
日・月	休み

☎ (815)725-2000

■リアルト・スクエアーシアター
　RIALTO SQUARE THEATRE
1926年　建設　古い劇場　ネオバロック様式
シャンデリア・大理石・金箔
「ジョリエットの宝」
100年前のヨーロッパ
☎ (815)726-6600

■ジョリエット旧刑務所　JOLIET PRISON
1858年　建設―2002年　close
映画「ブルース・ブラザーズ」1980年
ＴＶドラマ「プリズンブレイク」ロケ地
刑務所内ツアー有り
☎ (815)727-6141

ナビ入力住所

ジョリエット➡
ウィルミントン27km

810 E Baltimore St,
Wilmington, IL

WILMINGTON

ウィルミントン

■ラウンチパッドドライブイン
　LAUNCHING PAD DRAIVE-IN
1960年　open　ガスステーション
マフラーショップのマスコット
　マフラーマン[1]の一種
身長９m「ジェミニ・ジャイアント
（Rocket Man）」ファイバーグラス製

Mica153.5cm

毎日　8:00〜21:00
☎(815)476-6535

ウィルミントン➡
ブレイドウッド7.5km

222 N Front St,
Braid wood, IL

ポッチャリなプレスリーが
入口の目印

BRAIDWOOD

ブレイドウッド

■ポーク・ア・ドット　ドライブイン
　POLK-A-DOT-DRIVE IN
60年代風のアメリカファーストフード店
1956年　open
1962年　今の地に移転

Mica info
人気は…
タートルサンデー

店内の jukebox から
50・60年代の曲が流れている
外にエルビス・プレスリー　マリリン・モンロー
ジェームス・ディーン　ブルース・ブラザーズの
　マネキンが並ぶ

毎日　11:00〜20:00
☎(815)458-3377

2018年　スーパーマン登場

ナビ入力住所

ブレイドウッド➡
ガードナー13km

E Mazon St,
Gardner, IL

GARDNER

ガードナー

■ 2つの牢屋　TWO CELL JAIL
1854～2004年まで使われていた牢屋

こんな感じに
入れます

すぐ近くに
ストリートカー・
ダイナー展示

当時の様子を再現

DWIGHT

ドイツ人の移民が作った小さな街　ドゥワイト

■ドゥワイト駅舎　DWIGHT RAILROAD DEPOT
1891年　建設
Amtrak駅　シカゴ行1日4本
映画のセットの様なドイツの田舎町のたたずまい
アメリカ国家歴史登録財

401 S Columbia St,
Dwight, IL

■ドゥワイト銀行
　FIRST NATIONAL BANK OF DWIGHT
1906年　開業　今も開業当時の建物で営業中
　フランク・ロイド・ライトが設計した銀行
ドゥワイト駅から見える

122 W Main St,
Dwight, IL

■アンブラーベッカーテキサコガスステーション
　AMBLER-BECKER TEXACO GAS STATION
1933年　open
R66ビジターセンター
アメリカ国家歴史登録財
☎(815)584-3077

W Waupansie St,
Dwight, IL

I-55 EXIT220

ナビ入力住所	
105 Old Rte 66, Dwight, IL	■オールド R66ファミリーレストラン 　OLD ROUTE 66 FAMILY RESTAURANT ファミリーレストラン アンブラーベッカーテキサコの前 日〜木　6:00〜21:00 金・土　6:00〜22:00 ☎ (815)584-2920
101 W South St. Dwight, IL	■カントリーマンション　COUNTRY MANSION 1891年　open 20種類のドイツパンとケーキ＆レストラン 3階建ての300名以上収容できるレストラン 旅チャンネルで放映されたお店 アメリカ国家歴史登録財 2020年売却へ

ODELL

オデル

400 S West St, Odell, IL	■スタンダードオイルガスステーション 　STANDARD OIL GAS STATION ビジターセンター＆スーベニアショップ 1932年　open 1960年代　ガソリンスタンド 1970年代　自動車修理店 1975年まで営業　その後 close 2002年　修復 アメリカ国家歴史登録財 10:00〜16:00 冬季10月中旬〜4月中旬休み ☎ (815)998-2133

ナビ入力住所

PONTIAC

ポンティアック

■R66ホール・オブ・フェイム・ミュージアム
　ROUTE66 HALL OF FAME MUSEUM
元消防署を利用して当時の生活様式を展示
ルート66アーティスト　Bob Waldmire [2]
コージードックの息子さん（2009年他界）
手書きのR66Mapとワーゲンバス展示

110 W Howard St,
Pontiac, IL

建物の後ろ
⇩

スクールバスは
ボブさんの住居
このバスで
R66走破した事も

ボブ・ウォルドマイヤーさん
のワーゲンバス展示
映画「カーズ」
フィルモアのモデル

4〜10月　　9:00〜17:00
11〜3月　　10:00〜16:00
休み　イースター・11月第4木・12月25日・1月1日
☎ (815)844-4566

■R66 WALL ART PHOTO POINT
R66ホール・オブ・フェイム・ミュージアムの
裏に壁画
壁画とスクールバスは並んでいる
　この壁画はR66全線の中で1番大きい

321 N Main St,
Pontiac, IL

■ポンティアックオークランドオート博物館
　PONTIAC OAKLAND AUTO MOBIL MUSRUM
アンティークカー・ガレージ・
　R66ディスプレイミニミュージアム
見学はFree　箱に寄付　Ⓟ目の前の道路可
10:00〜16:00
イースター・クリスマス・年末年始　休み
☎ (815)842-2345

205 N Mill St,
Pontiac, IL

ナビ入力住所

LEXINGTON

レキシントン

Old R66 N
Lexington, IL

I-55 EXIT178

■メモリーレーン　MEMORY LANE
1926年　開通　R66初期の舗装道路

NORMAL

ノーマル

■スプラーグ・スーパーサービスステーション
　SPRAGUE'S SUPER SERVICE STATION
インフォメーションセンター・
　カフェ・ダイナー・B&B
1931年当時
1階　ガスステ&カフェ
2階　オーナーと従業員のアパート
2017年8月　再 open
2008年　アメリカ国家歴史登録財
　9:00〜17:00　　月・火　休み

305 Pine St,
Normal, IL

■ザ・ミル　THE MILL
1929年　open　サンドウィッチ屋　当時青と白
　　　　　　今も昔も風車は回らない
1945年　レストラン open
1996年　close
2006年　倒壊の危険
2008年　保存運動で再建
2017年　再 open ミュージアム&ギフトショップ
営業時間より前に行きたい場合は
事前に連絡をすると開けて頂ける
　4〜10月　水〜日　13:00〜16:00　月・火休み
☎ (217) 671-3790
Email info@savethemill.org
website MIll66.com

738 S Washington St,
Lincoln, IL

| ナビ入力住所 | |

BLOOMINGTON

ブルーミントン　花咲く街の意味

103 N Robinson St,
Bloomington, IL

■ BEER NUTS COMPANY STORE-PLANT
ビアナッツ　BEER NUTS
1937年　創業
1960年　全米で販売　甘くて塩辛い味
　　　　　ビールの供　おみやげ用にピッタリ
月～日　8:00～17:00
☎ (309)827-8580

601 W Locust St,
Bloomington, IL

■ カール　アイスクリーム　ファクトリー
　CARL'S ICE CREAM
アイスクリーム＆ファーストフード
月～土　11:00～22:00
☎ (309)828-7732

FUNKS GROVE

ファンクス　グローブ

5257 Old R66,
Rural Shirley, IL

Sirup 加糖していない！
と言うこだわりの文字

■ ファンクスグローブピュアメープルシロップ
　FUNKS GROVE MAPLE SIRUP
メイプルシロップのお店
1824年　創業　3月から open　冬は休み
R66ではここのみ　すぐ SOLD OUT

スモークされたタルに入れて出来た
メイプルシロップも風味がある
シカゴ（IL）とセントルイス（MO）の中間地点
"MID POINT" がここのお店

Mica info
樹液は12時間かけて
バケツにいっぱいに

月～金　9:00～17:00
土　　　10:00～17:00
日　　　13:00～17:00

☎ (309)874-3360
www.funkspuremaplesirup.com

ナビ入力住所

598 Main St,
Mclean, IL

I-55 EXIT145

McLEAN

マクリーン

■ディクシー・トラッカーズ・ホーム
　DIXIE TRUCKERS HOME
1928年　全米初トラックステーション
1965年　火災　1日のみ休業
　24時間 open　　コンビニ
R66が豊富な穀物の輸送に
使われていた時代から今に至る
☎ (309)874-2323

ATLANTA

アトランタ

103 Southwest Arch
St, Atlanta, IL

I-55 EXIT140

■バニヨン・ジャイアント　BUNYON GIANT
1960年代 Paul Bunan cafe の広告塔　高さ6m
ウィルミントンのジェミニ・ジャイアントの兄弟
　ホットドッグを持っている[※1]
2003年　close　ホットドッグのお店だった
このマフラーマンは元々シカゴ郊外シセロにあった

LINCOLN

リンカーン

第16代エイブラハム・リンカーン大統領が
1847〜59年弁護士時代に住んでいた事から命名
■世界最大の幌馬車
　WORLD'LARGEST COVERED WAGON
2001年　David Bentley さん製作
2007年　この地に移設
2014年　強風で倒壊・修理
近くにベストウエスタンリンカーン
・インがあり（アドレス表記）
ここを目指すと見つかる　☎ (866)237-6365

1750 5th St,
Lincoln, IL

I-55 EXIT126

世界一に認定

Mica info
高さ　7.3m
リンカーン　3.6m
ホロ　本物のホロ

WILLIAMSVILLE

ウィリアムズビル

■ヒラリアス R66ガスステーション　HILARIOUS R66 GAS STATION
1930年　open　ガソリンスタンド
2016年　close
かつては24時間営業閉店時は除くなど冗談で笑わせる
何でも有りの町工場だった

117 N Elm St,
Williamsville, IL

SPRINGFIELD

州都　スプリングフィールド

■リンカーンが家族と暮らした家
　 LINCOLN HOME NATIONAL HISTORIC SITE
19世紀の街並み
ビジターセンターで無料の入場券を入手
ツアーに申し込むと家の中を見学できる
ガイドは英語
☎ (217)492-4241

413 S 8th St,
Springfield, IL

■コージードッグドライブイン　COZY DRIVE IN
アメリカンドッグ発祥の地
1946年　アマリロ（TX）で開業
1996年　現在地に移転　今でも当時の製法

> 日本は　小麦粉のアメリカンドッグ
> 日本以外は　トウモロコシの粉のコーンドッグ

店の創業者ウォルドマイヤー　一家が経営していた
放浪画家ボブ・ウォルドマイヤー（2009年他界）[2]
一家の息子さんが　カーズの構想に尽力
映画「カーズ」の Cozy Cone の名前はここがモデル
月～土　8:00～20:00　日　休み
☎ (217)525-1992
旅チャンネルで
放映されたお店

2935 S 6th St,
Springfield, IL

カーズランド　当時　ケチャップ NG
　　　　　　マスタードのみだった

ナビ入力住所
1569 Wabash Ave, Springfield, IL

■ ラウターバックジャイアント　LAUTERBACH GIANT
マフラーマン※1
ラウターバック・タイヤ＆オートサービスの
マスコット
Lauterbach Tire and Auto Service
月～金　7:30～17:30
土・日　休み
☎ (217)546-2600

1168 E Sangamon Ave. Springfield, IL

■ マハンガソリンスタンド　MAHAN'S GAS STATION
当時の車は　とてもガソリンを使った
ガソリンスタンドを早く建てられる
ガソリンスタンドキット（当時120万円）があり
ガソリンスタンドキットがここで見れる
Fulgenzi's ピザ＆パスタ店の隣にある
Ⓟ停めて📷
10:30～21:30
☎ (217)544-8520

2075 Peoria Rd, Springfield, IL

■ シェイズ・ミュージアム
　SHEA'S GAS STATION ROUTE66 MUSEUM
ビル・シェイさん（2013年他界）
2017年　close
廃墟
Fulgenzi's ピザ＆パスタ
からすぐ近くにあり
歩いて行ける

GLENARM

グレナーム

■シュガークリークカバードブリッヂ
　SUGAR CREEK COVERED BRIDGE
1880年　建設
長さ34m　幅9.1m　PIONEER PARK
1965年　修復　徒歩のみ
1984年　close
当時に　タイムスリップするような異空間
屋根付けは雨風・紫外線による橋の劣化防止
映画「マディソン郡の橋」と似ているカバードブリッヂ
映画の橋は　放火されてしまい
ここで想いを馳せながら R66旅の小休憩に…
　今は　公園の１部として一般開放
　現存する４つのうちのひとつ
1978年　アメリカ国家歴史登録財

AUBURN

オーバーン

■レンガの道　AUBURN
1931年〜1977年まで使われていた
全長2.3km　Brick66　Original Brick Road
当時　舗装技術が無かった頃
　赤レンガを手作業で並べて作った道
R66で唯一　赤いレンガが敷き詰めている区間
車通行可（車両重量・徐行の規制無し）
アメリカ国家歴史登録財

ナビ入力住所

587-, 769 Covered
Bridge Rd, Glenarm, IL

Mica info

Point

橋に向かう道のりが
映画の風景のような
コーン畑

5001-5163 Snell Rd,
Auburn, IL

ナビ入力住所

GIRARD

ジラード

133 S 2nd St,
Girad, IL

■ ドックスソーダファウンテン
　DOC'S SODA FOUNTAIN
アイスクリーム・ランチ・軽食・ドラッグストア・
ソーダファウンテン＆ミニミュージアム併設
1884年 open　薬局
1950年代　ソーダファウンテン（清涼飲料水用装置）
　　　　　を取り扱う
2001年　DECK'S Drug Store としての117年の歴史を閉じる
2007年　再 open　DOC'S Soad Fountain に改名
おすすめは自家製ジンジャーエールアイス
売却へ

LITCHFIELD

リッチフィールド

元々はハーデインスバーグ HARDINS BURG
1855年　リッチフィールド・タウンカンパニーが町を買い取った事に由来

413 N Historic Old
Rte66, Litchfield, IL

■ アリストンカフェ　ARISTON CAFE
1924年　open
1929年　リッチフィールドに移転
1935年　今の地に移転
カフェの前の道がオリジナル R66
アメリカ国家歴史登録財
アリストン＝おもてなし（ギリシャ語）

フィッシュバーガー

火・水・木・日	11:00〜20:00	旅チャンネル
金・土	11:00〜21:00	で放映された
月　休み		お店

☎ (217)250-2031

ナビ入力住所	

334 N Historic Rte66, Litchfield, IL

■リッチフィールド博物館＆ R66ウェルカムセンター
　LITCHFIELD MUSEUM & ROUTE66 WELCOME CENTER
2012年 open　アリストンカフェの斜め前
月〜土　10:00〜16:00
日　　　13:00〜16:00
☎ (217)324−3510

1500 N Old Rte66, Litchfield, IL

■スカイビュードライブイン　SKY VIEW DRIVE IN
1949年 open　IL 州唯一の野外映画館
4月上旬〜10月下旬　金・土・日
☎ (217)324−4451

MT OLIVE

マウントオリーブ

710 W 1st S St, Mt Olive, IL

■ソウルズビー・サービスステーション
　SOULSBY STATION
1926年　open　1993年　close
修復されたガスステーション
☎ (618)635−2527

STAUNTON

スタントン

1107 Old Rte66, Staunton, IL

I-55 EXIT41

■ヘンリーズ・ラビット・ランチ　HENRYS RABBIT RANCH
R66ビジターセンター＆おみやげ
「HERE IT IS」パロディ版の野ウサギの看板
ボブ・ウォルドマイヤー（R66放浪画家）さん[※2]
初期のワーゲンがある　No.67
店内に生きているウサギがいたり
ウサギの滑り台・手作りのガソリンスタンド・
ワーゲンのパロディランチも有り
9:00〜16:00
☎ (618)635−5655

ナビ入力住所

COLLINS VILLE

R66からは少し離れていますが　コリンズビル

800 S Morrison Ave.
Collins Ville, IL

■世界最大ケチャップボトル
　BROOKS CATSUP BOTTLE
1949年　建造
高さ51m　給水塔
1995年　有志の支援により修復
2008年　アメリカ国家歴史登録財

MITCHELL

ミッチェル

201 E Chain of Rocks
Rd Mitchell, IL

■ルナカフェ　LUNA CAFE
1924年〜　アル・カポネの行きつけの店
彼のサインで有名に
カポネが来店している時は
ネオンサインのグラスに
チェリーのネオンが点いた
毎日　10:00〜翌2:00
☎ (618)931-3152

GRANITE CITY

グラニットシティ

4205-4207 Chain of
Rocks Rd
Granite City, IL

I-270 EXIT3

■チェーンイン・オブ・ロックス・ブリッヂ
　CHAIN OF ROCKS BRIDGE
1929年開通　州境
イリノイ州 IL とミズーリ州 MO
幅12m　長さ1630m　11本の柱で支えている
当時の通行料5セント　250万ドルで建設

1936年〜1955年
　ルート66　3番目の公式ルートとして利用された
1970年　車の通行閉鎖
1999年6月5日　再開　自転車・歩行者のみ通行可
2006年　アメリカ国家歴史登録財
橋の基盤問題で橋の重さを支えるのが厳しく
橋の中央にかけて22度曲がっている

アドレスは℗
駐車して徒歩

貴重品は
必ず持つ

車の窓ガラスを
われられたりする
明るい時間を
おすすめ

歩くと20分

州境　IL と MO にまたがっている
ミシシッピ川　マディーリバーと呼ばれる
泥土・工業・家庭の排水が大量に流入
大下水溝と呼ばれ常に泥色の川

キレイな色に
なる事は無い
ずっとこの色…

MO

ミズーリ州

contents

ミズーリ州 MO 500km

MO の R66
「ローラーコースター」アップダウンが続く道
「オールドワイヤーロード」
道路の脇に電柱と電線が連なっている

ST LOUIS

毛皮・綿花・石炭で栄えた　セントルイス

ナビ入力住所

10950 Riverview Dr,
St. Louis, MO

■チェーンインオブロックスブリッヂ　CHAIN OF ROCL'S BRIDGE
徒歩なら行るが　車を停める所が無い
イベントが無い限り Ⓟ close
☎ (314)416-9930

---

11 N 4th St, Gateway
Arch National Park,
St. Louis, MO

アーチの中を約4分でゴ
ンドラで上る事が出来る
展望台。5人乗りの
8両編成のトラム

■ゲートウェイアーチ　GATE WAY ARCH
セントルイスのランドマーク
1961年　3年半の歳月をかけて建造
1965年　open　高さ192m　ビジターセンター
西部開拓におけるトーマス・ジェファーソンの
ビジョン・セントルイスの役割を記念して造られた
9:00〜18:00

6726 chippewa St.
St. Louis, MO

■テッドドリューズ・フローズンカスタード
　TED DREWES FROZEN CUSTARD
セントルイス1番の老舗
コンクリートと呼ばれ
ハチミツで作る
フローズンカスタードアイスクリーム

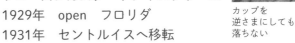

カップを
逆さまにしても
落ちない

1929年　open　フロリダ
1931年　セントルイスへ移転
1941年〜　今の店舗　旅チャンネルで放映されたお店
10:00〜22:30
☎ (314)481-2652

2967 Barrett Station
Rd. St. Louis, MO

■ EARL C. LINDBURG AUTO MOBILE CENTER
　交通博物館　Transportation MUSEUM
この中の一角に小さく
コーラル・コートモーテル　CORAL COURT MOTEL の
解体された一部を使用して
当時の面影を再現して展示
ガラスレンガとタイルも展示されている
☎ (314)965-6885

930 S Kirk-wood. Rd,
St. Louis, MO

■ ドックスハーレーダビッドソン
　DOC'S HARLEY-DAVIDSON
1955年〜　ミズーリで最古のディーラー
火〜金　10:00〜18:00　土　10:00〜17:00
日・月　休み
☎ (314)965-0166

HAZEL WOOD

ヘーゼルウッド

6221 N Lindbergh
Blvd.
Hazelwood, MO

■ エアポートモーテル　AIRPORT MOTEL
1936年　open　20部屋　10番目の部屋は理髪店
ランバートセントルイス国際空港3km立地
当時の絵ハガキがカワイくて調べました
☎ (314)731-9424

ナビ入力住所

7755 Watson Rd.
Marlborough, MO

MARLBOROUGH

マールボロー

■コーラル・コートモーテル
　CORAL COURT MOTEL
跡地　モーテルを示すサインのみ
R66上で最も有名なホテルだった

ガラスレンガとタイルの外壁のデザイン
ガレージが部屋の正面にあり
通りから車が見えないスタイル
1941年　open　21部屋
1946年　23部屋　平屋建て
1953年　2階建て
1953年10月6日　ボビー・クリーンリースの
　　　　　　　　　　衝撃的な誘拐殺人に関連
　60万ドルの身代金の半分は見つからなかった
1960年代　プール設置
1989年　アメリカ国家歴史登録財
1993年　close
1995年　住宅を建築のため解体
　　　　　解体された一部を使用して
　　　　　TransPortation MUSEUM に
　　　　　当時の面影を再現して展示

ナビ入力住所

1047E Osage St.
Pacific, MO

Mica info
野球選手
ボブ・クリンガー
ディジー・ディーン
テッド・ウィリアムズ

2958 MO-100
Villa Ridge, MO

I-44 EXIT253を出ると
ガーデンウェイモーテ
ルサイン

100 old Hwy 100
Villa Ridge, MO

Mica info
当時のスタイル
レッドシーダーインで食事
ガーデンウェイモーテルで
宿泊
ダイヤモンドレストランで
朝食

PACIFIC

パシフィック

■レッドシーダーイン　RED CEDAR INN
レストラン＆バー
1934年　Open　野球選手により地元の丸太で建造
1972年　Close →1987年再 Open
2003年　アメリカ国家歴史登録財
2018年　ビジターセンターに向けて再始動

VILLA RIDGE

ビラリッヂ

■ガーデンウェイモーテル　GARDENWAY MOTEL
1945年　open　当時のスタイル平屋建て
1995年　レストラン close
2014年　close

■ダイヤモンドレストラン　THE DIAMOND RESTAURANT
跡地
1919年〜1967年まで営業
　　ダイヤモンドレストラン
1927年7月3日　改名
　　World's Lagest Road side Restraunt
1948年　焼失
1950年　流線型(ストリームライン)のスタイルで再開
トライ　カウンティ　トラック　ストップ　レストラン
　　Tri-County Truck Stop Restaurant
改名して営業　アメリカンブレックファースト
2006年　close
ゴーストが出るスポットで有名
オールドハイウェイ100と分かれる三角地帯にある

ナビ入力住所

112 Sun Set Motel Cir
Villa Ridge, MO

■サンセットモーテル　SUNN SET MOTEL
1946年　open
2009年11月14日　ネオン保存運動により
　　　　　　　30年振りにネオンサイン再点灯
　今は　Apartments
ダイヤモンドレストラン跡地の
　　　　　　ヒストリック US66を道なりに進むと
　　　　右側にサンセットモーテル・サークルがある
福音教会 First Evangelical Free Church が
　左側に見えたら行き過ぎ

STANTON

スタントン

I-44 W EXIT230
Stanton, MO

Mica info
ミズーリ州は鍾乳洞が
22カ所

■メラミックキャバーン鍾乳洞
　MERAMEC CAVERNS
1933年から観光名所
石灰石の洞窟　7億年前のもの
西部劇で有名な銀行強盗ジェシーとフランクの
ジェームス兄弟（世界初の銀行強盗を成功した人）
※3の隠れ家

1時間15分のツアー
防寒対策必須　15℃

名犬ラッシーのロケ地
洞窟の中にラッシーの写真
　大雨・サンダーストーム・ハリケーンの時期 NG
　1時間で水没　水が引くのに60日
1950〜60年　TV番組の企画でこの洞窟で
1週間暮らすと賞金1000ドル贈呈
貧乏なカップルが無事過ごし
バハマへ新婚旅行に行ったエピソードがある
9:00〜18:00　季節により時間が変更　必ず確認を
☎ (573)468-3166

CUBA

鉄道で栄えた　キューバ

901 E Washington
St, Cuba, MO

見所…夜のネオンサイン

■ワゴンホイールモーテル
　WAGON WHEEL MOTEL
1934年　開業　19部屋
1947年　Cabin → Motel
2009年　全面改装
地元オザークで採れる石で造られている
看板のホイールは
映画「カーズ」2006年にインスピレーション
映画「カーズ2」2011年ではレストラン
アメリカ国家歴史登録財
宿泊は直接ネット予約 card ＋手数料
www.wagonwheel66cuba.com
☎ (573)885-3411

カーズランド

5957 Hwy66
Fanning, Cuba, MO

EXIT208

■ファニング66アウトポスト
　FANNING R66 OUTPOST
2017年　再 open　ジェネラルストア
R66上でご当地ワインが揃う位豊富な品揃え

月～土　9:00～17:00
☎ (573)885-1474

■R66ロッキングチェアー　ROUTE 66 ROCKER
高さ13m　幅6m　重さ12.3t
世界最大のロッキングチェアー
2008年　世界一に認定
2015年に破られ
　R66で最大の
　ロッキングチェアー

Mica info
Mica153.5cm

ナビ入力住所

822 Beamer Ln,
Cuba, MO

■ボブスガソリンアーリー
　BOB'S GASOLINE ALLEY
旧式の給油ポンプ　アンティークカー
屋外の見学は自由
屋内のコレクションを
見学するには事前の予約が必要
ロッキングチェアーの近く
☎ (573)885-3637
www.roadsideamerica.com/tip/25259

ROLLA

宿場町　ローラ

12661 Old Hwy66.
Rolla, MO

■ルート66モーターズ　　ROUTE66 MOTORS
クラシックカー＆ガソリンスタンド　修理・販売
売却へ

1413 Martin Springs
Drive Rolla, MO

I-44 EXIT184

■トーテムポールトレーディングポスト
　TOTEM POLE TRADING POST
アンティーク　ジェネラルストア　おみやげ　花火
1933年　open　木製トーテムポール店内
TIM さんはとってもお話し好きです
　10:00〜17:00
☎ (573)364-3519

ナビ入力住所

DEVILS ELBOW

悪魔の肘　木こりによって名付けられた　デビルスエルボー

21050 Teardrop Rd
Devils Elbow, MO

■エルボーインバー＆バーベキュー
　ELBOW IN BAR & BBQ
1997年　再 open
モーターサイクルリストの名所
映画「イージー・ライダー」の世界観
　店内には　ブラジャーが一面につるされている
　女性ライダーは　ブラジャーをしない流儀
元々は　旧マンガーモス・サンドウィッチ屋

水	11:00〜21:00
木〜土	11:00〜22:00
日	12:00〜20:00

☎ (573)336-5375　Cash only

■デビルスエルボーブリッヂ
　DEVILS ELBOW BRIDGE
1923年　開通　スチール製　全長180m　幅4.3m
　　　　ビッグ・パニー川
1950年代　釣り人の隠れ家だった
2014年　再開通
2017年　洪水
通行可
エルボーインバー＆
BBQ から徒歩ですぐ

ナビ入力住所

LEBANON

かつてはシカゴ→ロスの間で　　レバノン
１番の観光地と新聞に書かれた

135 Winkle Ave,
Lebanon, MO

■ ザ・ヴィンテージカウガールウィンクスマーケット
　 THE VINTAGE COWGIRL-WRINKS MARKET
軽食＆グローサリーストア
2018年10月13日　再 open
当時の缶・冷蔵庫・家具など販売
　大陸横断中のクリント・イーストウッドが
　オムツを買いに立ち寄ったエピソード
近くにマンガーモスモーテル

月〜金	10:00〜17:00
土	11:00〜16:00
日・月	休み

☎ (417)532-3201

1336 E R66
Lebanon, MO

■ マンガーモスモーテル　MUNGER MOS MOTEL
1929年　デビルスエルボー（BIG PINEY RIVER）で
　　　　サンドウィッチ屋が始まり
1945年　川の拡幅工事のため売却
1946年　今の地にモーテルを建設
1955年　ネオンサイン設置
　長年ネオンサイン故障　年は不明
2010年　ネオン遺産保護委員会ミズーリ州
R66協会国立公園奉仕局が11300ドルの援助
　ネオンサインを復元
2010年11月6日　ネオンサイン再点灯

レセプションにアンティーク・ミニミニミュージアム
トイコレクション　R66ゲームが…レア

営業中　6:30〜22:00

☎ (417)532-3111

ナビ入力住所

915 S Jefferson Ave.
Lebanon, MO

■ レバノン・ラクレードカウンティ図書館
　LEBANON LACLEDE COUNTY LIBRARY
地域の図書館
この図書館の中に　小さな R66 ミュージアム
1950年代のガソリンスタンド・ダイナー・
アンティークカーが再現・展示
マンガーモスモーテルの当時の様子が見れる

月〜木　8:00〜20:00
金・土　8:00〜17:00
日　休み

☎ (417)532-2148

51 Drury Ln,
Lebanon, MO

■ ボスウエル公園　BOSS WELL PARK
幅 6 メートルの壁画
1957年製シボレーが描いてある
R66ミュージアムの近く

Mica info
シボレーと
一緒に

SPRINGFIELD

スプリングフィールド

2000 E Kearney St,
Springfield, MO

美しいネオンサイン

■ レスト・ヘブン・コート
　REST HEAVEN COURT
1947年　open　当時のスタイル平屋建て　32室
マンガーモスモーテルをモデルに建てた

営業中　Wi-Fi Free

☎ (417)869-9114

2119 N Glenstone
Ave, Springfield, MO

■ アンディーズフローズンカスタード
　ANDY'S FROZEN CUSTARD
1939年　open　本店

日〜木　11:00〜23:00
金・土　11:00〜23:30

☎ (417)863-7125

SPRINGFIELD

ナビ入力住所 203 S Glenstone Ave, Springfield, MO	■ベストウエスタンルート６６レイル・ヘブンモーテル 　BEST WESTERN ROUTE66 RAIL HAVEN HOTEL 全室平屋　ホテルの入口にキャデラック エルビス・プレスリールーム　409号室 ピンクのキャデラックで眠る Bed（キングスィート） IN　16:00　OUT　11:00 ☎ (417)866-1963
1158 E St.Louis St. Springfield, MO	■スティクン・シェイク　STEAK'N SHAKE 1934年創業　この場所は1962年から オールドスタイルで営業 24時間 キャッチフレーズ　TAK HOMA SAK ⇩ Take Home A Sack 紙バッグにハンバーガー　シェイク フレンチフライを　家に持って帰ろう ☎ (417)866-6109
815 E St.Louis St Suite 100 Springfield, MO	■R66スプリングフィールドビジターセンター 　R66 SPRINGFIELD VISITER CENTER 月〜金　8:00〜17:00 ☎ (417)881-5300
1634 W College St. Springfield, MO	■R66自動車博物館　ROUTE66 CAR MUSEUM R66全盛期の車が集まっている 映画「怒りの葡萄」で使用されたトラック 映画「バットマン」のバットモービルのレプリカ展示 月〜日　9:00〜17:00 ☎ (417)861-8004

ナビ入力住所
2238 W College st, Springfield, MO

■シャムロックコートモーテル
　SHAMROOK CORT MOTEL
1945年　open　モーテル＆レストラン
オザーク砂岩で建てた
再openへ準備していたが　close　売却へ

HALL TOWN

ホールタウン

100 N Park Dr.
Halltown, MO

■ホワイトホールアンティークショップ
　WHITE HALL ANTIQUES SHOP
2016年　close
Thelma M White（2010年他界）

21498 MO-266
Everton, MO

■ゲーリーパリータシンクレアーステーション
　GAY PARITA SINCLAIR STATION
ホワイトホールからまっ直ぐ4.5km進むと右側
1930年代当時のガソリンスタンド・クラシックカー
1955年　火災
2006年　修復
8:00〜18:30
☎ (417)234-4943

SPENCER

スペンサー

19720 Lawrence
2062, Miller, MO

■スペンサーガスステーション
　SPENCER'S GAS STATION
当時の肉屋・床屋・Cafe・
グローサリーストア・
ガスステーション展示
close
近くに1926年スペンサーブリッヂ
Johnson Creek river

ナビ入力住所

CARTHAGE

チュニジアのカルタゴと英語表記が同じ　カーセージ

1842年　設立
北アフリカの古代都市カルタゴにちなんで
名付けられた

10725 Country Loop
122 Carthage, MO

■レッドオーク2　RED OAK II
野外博物館
R66沿いにあった小さな町　レッドオークを
芸術家ローウェル・ディビスがそのまま移築・修復
1930年にタイムスリップ
ベルスターの家も移築
今もディビス在住

　7:00〜21:00　入場 Free
☎ (417)237-0808

302 S Main St.
Carthage, MO

■ジャスパーカウンティコートハウス
　 JASPER COUNTY COURTHOUSE
軍政府の建物　ジャスパー郡裁判所
1895年10月 9 日完成
ジャスパーカウンティコートハウスを中心に
教会・民家・店が四方に広がるように作られている
上に昇る事が出来　街全体を眺められ
アメリカの街作りが見られる
　映画「バック・トゥ・ザ・フューチャー」
　50年代後半の街の再現シーンはここがモデル
　月〜金　8:30〜16:30　Free
☎ (417)358-0421

ナビ入力住所

107 S Garrison Ave.
Carthage, MO

■ブーツコートモーテル　BOOTS COURT MOTEL
1936年　open　カーセージで最も古いモーテル
モーテルの全盛期　クラーク・ゲーブルが
　　ふらりと宿泊に来た
2016年4月9日　ネオン再点灯

修復費用12000ドル

6号室
クラーク・ゲーブル
ルーム

当時のままの部屋　40年代の鍵・照明・ラジオ
ラジオからは　40年代の音楽が流れ
その時代に　タイムスリップ
音楽は地元のラジオ局が流している
アメリカ国家歴史登録財
2020年3月売却へ

17231 Old 66 Blvd.
Carthage, MO

■66ドライブインシアター　66 DRIVE-IN THEATRE
1949　open　1986年　close
1998年　再 Open
映画「カーズ」ドライブインシアターのモデル
営業　春〜秋
ゲート open19:30
上映2本
☎ (417)359-5959

チケットが当時風

1617 Oak St.
Carthage, MO

■パワーズミュージアム　POWERS MUSEUM
1988年　open　歴史博物館
斬新な屋根が特徴の外観
木〜土　11:00〜16:00
☎ (417)237-0456

ナビ入力住所
2400 S Grand Ave. Carthage, MO

■イギーズダイナー　IGGY'S DINER
アメリカンダイナー　80席のレストラン
1940年代 open　グーズベリーダイナー
小さい頃オースティンは　料理人の叔父の名前
「エリック」が発音出来ず
「イギー」と言っていたのがお店の名前の由来
金属製の壁・屋根
毎日　6:00〜24:00
☎ (417)237-0212

JOPLIN

MO と KS の州境　ジョプリン

1940年までの旧ルートと
1940年以降のルートに分岐
旧ルートを選択すると路面に R66のサイン

629-621 S Main St Joplin, MO

■ルート66の壁画　ROUTE66 MURAL PARK
「世紀の変り目ジョプリン」
Turn of the century JOPLIN
トーマス・ハート・ベントン（漫画家）の作品

5014 S Main Street Joplin, MO

■ハイドアウト　ハーレーダビッドソン
　HIDEOUT HAREY-DAVIDSON
月〜土　　　9:00〜18:00
日　休み
☎ (417)623-1054

KS

カンザス州

contents

ナビ入力住所

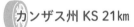
カンザス州 KS 21km

GALENA

ひまわりの州　1800年代後半炭坑の街として栄えた　ガレナ

319 W 7th St,
Galena, KS

■ガレナミュージアム　GALENA MUSEUM
1900〜83年　元駅舎を移築
裏にミズーリ・カンザス・テキサス鉄道の機関車展示
見学は Free
維持費として寄付
月〜金　10:00〜16:00
☎ (620)783-2192

119 N Main St,
Galena, KS

■カーズオンザルート　CARS ON THE ROUTE
ギフトショップ　コーヒー　軽食
1930年代　oldkan-O-Tex サービスステーション
その後4人の女性により4 women on the Route
2006年　映画「カーズ」公開後
　cars on the Route に改名
映画「カーズ」メーターのモデル
トムメーター　1951年製トーイングトラック
火〜木・土　10:00〜17:00　金　10:00〜24:00
日・月休み　季節によって時間変更　要確認
☎ (620)783-1366

カーズランド

205 Front St,
Galena, KS

■フレックス　Frecs. マフラーマン[1]
2019年7月　高さ6m
グラスファイバー製ではなく
布・シート・塗料で作られている

RIVERTON

リバートン

7109 SE Hwy 66
Riverton, KS

■ネルソン・オールド・リバトンストア
　NELSON'S OLD RIVERTON STORE
雑貨　食料品　R66グッズ
1925年3月20日　open
　給油ポンプ付きグローサリーストア
1973年　アイスラーブラザーズグローサリーストア
　　　　（スコットの叔父夫妻）
「アイスラー・ブラザーズ」の店名は叔父兄弟が
　　シカゴで立ち上げた店の名前
おすすめは　ホームメイドサンドウィッチ
昔ながらの作り方（スライサーでパン・チーズ・
ハムを切る）で好みのサンドウィッチが出来る

Mica info
オーダーは
小麦のパン or 白いパン
オニオン　トマト　レタス
ハム　チーズ　マスタード

　スコット・ネルソンさんは
　KS.R66協会本部の会長さん
旅チャンネルで放映されたお店
アメリカ国家歴史登録財
　月〜土　7:30〜20:00
　日　　　12:00〜19:00
☎ (620)848-3330

Mica info
2019年12月16日
銃を持った犯人が9時間
たてこもる事件
何事も無く逮捕
今回で2回目…
3回目はボクはいないよ
（生きていないよ）と
スコットさんの
アメリカンジョーク

BAXTER SPRINGS

カンザス1のカウタウンだった　バクスタースプリングス

■マシューレインボーブリッヂ
　MARSH CURVE BRIDGE（RAINBOW BRIDGE）
1923年　開通
2018年　通行可
ブラーンクリーク川

SE Beasley Rd,
Baxter Springs, KS

Mica info
R66に残る唯一の
マシュー・アーチ橋

アーチの構造を考案したジェームズ・マシューの名前が由来

940 Military Ave
Baxter Springs, KS

■フィリップス66ステーション
　PHILLIPS 66 STATION
R66ビジターセンター
1930年 open　ガソリンスタンド
アメリカ国家歴史登録財

| 月～土 | 10:00～16:00 |
| 日 | 13:00～16:00 |

☎ (620)856-2066

1101 Military Ave.
Baxter Springs, KS

■カフェオンザルート　CAFE ON THE ROUTE
アメリカンダイナー
1870年　クロウェル銀行　Crowell Bank
1876年　ジェシー・ジェームス
　　　　（世界初の銀行強盗を成功した人）[※3] と
　　　　　　　コール・ヤンガーに銀行強盗に遭遇
2014年　レストラン再 open
2015年　B&B を再開の予定だったが close

ナビ入力住所

TOPEKA

ちょっと寄り道

トピーカ

701 N Kansas Ave.
Topeka, KS

■グレート・オーバーランド駅
　THE GREAT OVERLAND STATION
鉄道博物館
トピーカ駅　TOPEKA
1872年　open　3階建て　駅舎とホテル
1876年　フレッドハービー最初のレストラン
1927年　建替　現存の駅舎
1971年　最後の旅客列車
1989年　close
2002年　open　グレート・オーバーランド駅
　　　　記念館　一般公開
　　　　ミニチュアで街を再現
　　　　当時の様子が見れる
☎ (785)232-5533

OK

OK

オクラホマ州

contents

ナビ入力住所

🛞 **オクラホマ州 OK 619km**

I-44　インターステート44
オクラホマ州のみ有料道路
ルートによっては返金有り
レシートは捨てずに!!

COMMERCE

コマース

100 N Main St. Commerce, OK

■デイリーキング　DAILY KING
アイスクリーム屋
1925年　open　ガソリンスタンド
R66形クッキー・アイスクリーム・ハンバーガー
コテージ風スタイル

月～金　10:00～18:00
土　　　11:00～15:00
日　休み
☎ (918)625-4261

> デイリーキングの目の前に

101 S Main St. Commerce, OK

■アレンズ・コノコ・フィルインガスステーション
　ALLEN'S CONOCO FILLIN' GAS STATION

1930年頃　open
レンガ造りの建物から
突き出たコテージ風スタイル
壁の穴とも呼ばれ
ミニギフトショップだった　2020年売却へ

209 S Mickey Mantle Blvd. Commerce, OK

■リル　カフェ　LIL' CAFE
ランチ＆ディナー

火～土　10:30～21:00
日・月　休み
☎ (918)675-4229

ナビ入力住所

103 N Main St.
Miami, OK

Mica info
自動演奏の
パイプオルガン

128 S Main St.
Miami, OK

915 N Main St.
Miami, OK

MIAMI

鉱山で栄えた　マイアマー

■コールマンシアター　COLEMAN THEATRE
1929年　ジョージ・コールマン・シニアによって建造
クレアモア出身のウィル・ロジャースが出演していた
当時59万ドルで建て　540万ドルの保険が
　　　　かけられている

月～金	10:00～16:00
土	10:00～14:00
日	休み

☎ (918)540-2425

■R66ヴィンテージアイアンモーターサイクル
ミュージアム　ROUTE66 VINTAGE IRON
　　　　　　　　　　MOTORCYCLE MUSEUM
1900年代ヴィンテージバイク展示

月～土	10:00～18:00
日	12:00～15:00

☎ (918)542-6170

■ウェイランズチキン　WAYLANS KUKU
ランチ＆ディナー・ハンバーガー
1960年　open
200以上のチェーン店の中で最後に残った1軒
鳩時計をテーマにマスコットのクウバードが
時を告げる
1965年製のネオンサイン

日～木	10:00～23:00
金・土	10:00～24:00

☎ (918)542-1969

AFTON

アフトン

21751 S Hwy 69.
Afton, OK

■R66モーテル　ROUTE66 MOTEL
各部屋の名前がテーマで装飾　18部屋
マリリン・モンロー　エルビス・プレスリー
ジョン・ウェイン　ハーレー・ダビッドソン
コルベット　カウボーイ
営業中
☎ (918)257-8313

108 S 1st. Afton, OK

■レスト・ヘブンモーテル
　REST HAVEN MOTEL ROUTE66
close　廃墟　ネオンサインのみ

12 S 1st. Afton, OK

■アフトンステーションパッカードミュージアム
　AFTON STATION PACKARD MUSEUM
1930年代のガソリンスタンド　close

CHALSEA

チェルシー

S 2460 Rd.
Chelsea, OK

■オールドプライオアクリークブリッヂ
　OLD PRYOR CREEK BRIDGE
森の中の橋　トラス橋（三角形につないだ構造）
1926年　開通　車通行可　長さ37m　幅5.8m
2006年　アメリカ国家歴史登録財

I-44 EXIT289

185-199 OK-66,
Chelsea, OK

■チェルシー・モーテル　CHELSEA MOTEL
1936年　open　木造6部屋
当時　エアコン・電話設備が揃っていた
1947年　モーテルのネオンサインが有名に
1976年　close
アメリカ国家歴史登録財

ナビ入力住所

21300 E Hwy 28A,
Chelsea, OK

FOYIL

フォイル

■トーテムポール公園　TOTEM POLE PARK
エド・ギャロウェイ　ED GALLOWAY
（1879〜1962）が1937年から25年間で作った
トーテムポールが90体
1961年に完成した
世界最大　高さ24m
最後に造られた
ツリー型トーテムポール

月〜土　11:00〜15:00
日　　　12:30〜16:00
入場 Free
☎ (918)342-9149

11年かけて製作
1961年完成

CLAREMORE

ウィルロジャースの故郷　クレアモア

1720 W Will Rogers
Blvd. Claremore, OK

I-44 EXIT302
59号線 1 mile

■ウィルロジャース記念博物館
　WILL ROGERS MEMORIAL MUSEUM
1938年　建造
ウィル・ロジャースに関する物が展示
カウボーイ・コメディアン・俳優
　オクラホマシティの空港
　ウィル・ロジャースエアポート
R66別名　ウィル・ロジャース・ハイウェイ
ウィル・ロジャースはここに眠っています
水〜日　10:00〜17:00
☎ (918)341-0719

Mica info
ウィル・ロジャースと
誕生日が同じ日
Mica

ナビ入力住所

CATOOSA

カツーサ

2600 U.S. Rte66
Catoosa, OK

Mica info
長さ　24m
高さ　6m

■ブルーホエール　BLUE WHALE
夫のヒューズ・ディビッドさんが
くじらの置物をコレクションする
愛する妻にサプライズプレゼント

1972年　スイミングパークとして開放
1988年　close
2002年　再 open　R66の名所
　　遊泳禁止

反対側の目は…

ブルーホエールショップで
グッズを買って保存活動に協力！
毎日　8:00～18:00　　電話で確認
☎ (918)232-5098

TULSA

石油で栄えた町　タルサ

3637 S. Memorial Dr.
Tulsa, OK

■R66ハーレーダビッドソン
　ROUTE66 HARLEY-DAVIDSON
２階にマイケル・ウォリスのハーレー展示
月～土　8:30～19:00
☎ (918)622-1340

4848 S Peoria Ave.
Tulsa, OK

■マイヤーズデュランハーレーダビッドソン
　MYERS-DUREN HARLEY-DAVIDSON
1914年　open

月～土　8:30～19:00
☎ (918)608-1978

5220 E 11th St.
Tulsa, OK

■デザートヒルモーテル　DESERT HILLS MOTEL
1953年　open　朝のコーヒーはロビーで提供
営業中　Ⓟ Free　☎ (918)834-3311

ナビ入力住所	

1102 S Yale Ave.
11th and Yale,
Tulsa, OK

■タリーズグッドフードカフェ
　TALLY'S GOOD FOOD CAFE
15年前位に日本人のウェイトレスが　今は…？

毎日　6:00〜23:00
☎ (918)835-8039

1124 S Lewis Ave.
Tulsa, OK

■マザーロードマーケット
　MOTHER ROAD MARKET

火〜日　11:00〜20:00
月　休み
☎ (918)984-9001

1324 E 11st. Tulsa, OK

■メドウゴールドサイン　MEADOW GOLD SIGN
牛乳・アイスクリームのブランド
1930年　ランドマーク
2009年　R66上の場所に移設

1347 E 11th St.
Tulsa, OK

■宇宙カウボーイ　BUCK ATOM'S SPACE COWBOY
2019年5月11日　マフラーマン誕生（帰還）※1
BUCK ATOM'S COSMIC CURIOS ON 66

STORE	月〜木	10:00〜17:30
	金	10:00〜20:00
	日	11:00〜16:00

Mica info
高さ6.4m

3001 E 11th St.
Tulsa, OK

■メトロダイナー　METRO DINER
1952年　open
エルビス・プレスリーが食事に寄った事で有名
　ネオンサインに ELVIS EATS HERE
2006年　close
タルサ大学の拡張のため取り壊された
ネオンサインのみ

ナビ入力住所	
4145 E 21th St. Tulsa, OK	■ゴールデンドリラー　GOLDEN DRILLER Titanic Oil Man（マフラーマン）[1] 1953年　国際石油博覧会の時 　　　　世界の石油の首都のシンボル ☎ (918)596-2100
3770 Southwest Blvd, Tulsa, OK	■ルート66ヒストリカルビレッジ 　R66 HISTORICAL VILLAGE 2020年9月6日　Neon Sign Park 誕生 高さ6m　当時のネオンサインを正確に再現 3つのネオンサインが一緒に見れる

WILL ROGERS MOTOR COURT
TULSA AUTO COURT
OIL CAPITAL MOTEL

 spot

　制作費用5200万円
子供のアミューズメントセンター
往年の蒸気機関車・ガソリンスタンドなど展示
☎ (918)770-9900

| 602 S Elgin Ave.
Tulsa, OK | ■ビッケリーフィリップス66ステーション
　VICKERY PHILLIPS 66 STATION
1931年〜1976年
コテージスタイルのガソリンスタンド
　（住宅街の中で調和する外観）
1930年代　オリジナルのストレート屋根の
　　　　　素材の色に注目
2004年3月3日　アメリカ国家歴史登録財 |

ナビ入力住所

SAPULPA

インディアンの部族長の名前　サパルパ

TX から牛を積み込む重要な所だった
オザークトレイル　OZARK TRAIL
R66以前の路面が残されている
道幅は狭く　路面も荒れている

3798 W Ozark Trail
Sapulpa, OK

■ロッククリークブリッジ
　ROCK CLEEK BRIDGE
1924年　開通　レンガ敷き路面の橋
重量制限4トン　高さ2.2m以下の車両のみ
2015年　通行可
2018年　補強工事のため close
アメリカ国家歴史登録財

13 Sahoma Lake Rd.
Sapulpa, OK

■ハートオブ R66オートミュージアム
　HEART OF R66 AUTO MUSEUM
R66の最盛期のオールドカー展示
近くにロッククリークブリッジがある

火～土　10:00～16:00
日　　　12:00～16:00
月　休み

☎ (918)216-1171

ナビ入力住所

STROUD

ストラウド

114 W Main St.
Stroud, OK

■ロックカフェ　ROCK CAFE
アメリカ料理・カフェ・ベジタリアン料理
1936年　建造
1939年　open
1983年　close
1999年　竜巻の被害　ネオンサイン破壊
2008年5月20日　火災
2009年5月29日　再 open
地元のケリービル砂岩で建てた
　オーナー　Dawn Welchさん
　映画「カーズ」サリー・カレラのモデル
2007年　ボブ・ウォルドマイヤーさんが描いた
　　　　　作品が展示[2]
2001年　アメリカ国家歴史的建造物に登録
水〜月　7:00〜20:00
火　休み
☎ (918)968-3990

717 W Main St.
Stroud, OK

■スカイライナーモーテル　SKYLINER MOTEL
1950年　open　当時のスタイル平屋建て　10室
矢印のネオンサイン
ドライヤー無し　Ⓟ Free
チェックイン　15:00
☎ (918)968-9556

ナビ入力住所

CHANDLER

チャンドラー

400 E 1st St,
Chandler, OK

■R66資料館　R66 INTERPRETIVE CENTER

月定休
5月〜9月　火〜日　10:00〜17:00
6月〜8月　月　　　10:00〜17:00
10月〜3月　火・土　10:00〜17:00
1月・2月　日　休み
12月22日〜1月1日　休み　大人5ドル
☎ (405)258-1300

7th Street And Manvel
Ave, Chandler, OK

■フィリップス66ガスステーション
　PHILLIPS 66 FILLING STATION
1930年　open
コテージスタイルのガソリンスタンド
　（住宅街の中で調和する外観）
close

306 Manvel Ave.
Chandler, OK

Mica info
鉄腕アトムが
大好き…♪

■マックジェリー66ギャラリー
　McJERRY 66 GALLERY
「EZ 66 GUIDE」の著者
ジェリー・マクラナハンさんはとってもお話し好き
行く前に連絡を　ぜひお会いして
奥様は日本人の方
Email mcjerry66@att.net
☎ (405)240-7659

ナビ入力住所

740 E 1st St.
Chandler, OK

■リンカーンモーテル　LINCOLN MOTEL
1939年　open　コテージ風
Ⓟ　Wi-Fi　Free　営業中
☎ (405)258-0200

ARCADIA

アルカディア

107 E Hwy66
Arcadia, OK

Mica info
何故、円形なのか？
竜巻に強いからという一説

■ラウンドバーン　ROUND BARN
ギフトショップ＆イベントスペース
1898年　ウィリアム・ハリソンドにより建造
1992年　再建　open
円形の納屋
柱ひとつない木造　直径20m
穀物・ブドウを収納する納屋
　壁・屋根の丸みのカーブを出すため
　木材をタンクや湖にひたして曲げた
保存の為の資金　おみやげを購入 or 寄付箱へ寄付
1階ギフトショップ　10:00〜17:00
☎ (405)396-0824

660 W Hwy66
Arcadia, OK

Mica info
ボトルを持ち
ストローで飲む
トリック写真が
撮れる

■ポップス　POPS
ガソリンスタンド＆ダイナー
大きなボトルのモニュメント　高さ約20m
夜　巨大なボトルが光る
世界中の炭酸飲料販売

月〜金　10:30〜21:00
土・日　 7:00〜21:00
☎ (405)928-7677

ナビ入力住所

13441 E old Hwy 66
Arcadia, OK

■ジョンハーグローブ博物館
　JOHN HARGROVE'S MUSEUM
R66上のアイコンのレプリカを作成・展示
建物から飛び出しているワーゲンが特徴の外観
☎ (405)396-2055

OKLAHOMA CITY

シカゴ➡オクラホマシティ
1600km

オクラホマシティ

オクラホマの州都
パーキングメーターはオクラホマ発祥（1935年）
映画「ツイスター」1996年の舞台

2426 N Classen Blvd.
Oklahoma City, OK

■大きな牛乳ビン　MILK BOTTLE GROCERY
サンドウィッチ屋・ミニコンビニエンスストア
三角形が珍しい建物
1930年　open
1948年　牛乳瓶のオブジェ誕生
車を停めてアイスを買う事が
　絶対に出来ない交差点
当時どんな味のアイスだったの
だろうと思いを馳せて📷
歴史的建造物として登録
close

6904 W. Reno Ave.
Oklahoma City, OK

■ハーレーダビッドソンワールド
　HAREY-DAVIDSON WORLD
屋内・屋外で試乗・講習
屋内での爆音がスゴ〜〜イ
月〜土　9:00〜18:00
☎ (405)631-8680

ナビ入力住所	

YUKON

ユーコーン

45 3rd St. Yukon, OK

■ユーコーンベストフラワーミル
　YUKON'S BEST FLOUER MILL
街のランドマーク
1902年　創業　小麦粉の製粉所　パンケーキの素
今は　穀物用倉庫

EL RENO

エルリーノ　1889年に出来た街
映画「レインマン」1988年　ロケ地
1940年　open　「ビッグ8モーテル」117号室が
　　　　　　　　ロケ場所
ホテルの後アパートになった時も117号室保存
2005年　ビッグ8モーテルは取り壊された

116 S Choctaw Ave.
EL Reno, OK

■壁画　MURALS OF EL RENO
壁画をバックに 📷 Point

HYDRO

ハイドロ

U.S. R66, Hydro, OK

I-40 EXIT88

■ルーシーズ・ガスステーション
　LUCILLE'S HISTORIC HIGHWAY GAS STATION
ガソリンスタンド＆グローサリーストア＆宿
1927年　建造　2階部分が張り出した建物の形状
1941年　Open　ハモンズ・ファミリーが運営
ルーシー・ハモンズ「マザーロードの母」
　（2000年他界）
2000年　Close
歴史的遺産認定
☎ (405)258-0008

ナビ入力住所

WEATHERFORD

ウェザーフォード

1301 N Airport Rd.
Weatherford, OK

I-40 EXIT84

■ルーシーズ・ロードハウス
　LUCILLE'S ROAD HOUSE
ガソリンスタンド＆ダイナー＆おみやげ
ハイドロにあるルーシーズ・ガスステーションを
当時の面影を残しつつ現代風にアレンジ

　月〜土　6:00〜21:00
　日　　　11:00〜21:00
☎ (580)772-8808

3000 Logan Rd.
Weatherford, OK

■トーマス・P・スタッフォード航空宇宙博物館
　THOMAS P. STAFFORD AIR & SPACE MUSEUM
トーマス P. スタッフォード宇宙飛行士の故郷
野外博物館＆博物館
博物館の中に宇宙服が展示
1965年12月15日　ジェミニ6号で初宇宙へ
アポロ10号の船長　6度のランデブー
月へ訪れた24人のうちの1人
宇宙滞在期間21日3時間42分
1930年9月17日生まれ　91歳（2021年現在）

アポロ10号
宇宙船の司令船と月着陸船
チャーリー・ブラウンと
スヌーピーの名前がついた

　月〜土　9:00〜17:00
　日　　　13:00〜17:00
☎ (580)772-5871

ナビ入力住所

CLINTON

クリントン

2229 W Gary Blvd.
Clinton, OK

■オクラホマ・ルート66ミュージアム
　OKLAHOMA ROUTE66 MUSEUM
開通までの歴史　アメリカ開拓の歴史
1995年　open
州がスポンサー（当時100万ドル）で建てた
　初のミュージアム
1959年代のクラシックカー展示

月～土　　9:00～17:00
日　　　13:00～17:00
☎ (580)323-7866

2128 W Gary Blvd.
Clinton, OK

■トレードウィンズインクリントン
　TRADE WINDS INN CLINTON
プレスリーがハネムーンで宿泊
プレスリースイート 215 号室
オクラホマ R66ミュージアムの向かい側　徒歩2分
営業中
☎ (580)323-2610

217 W Gary Blvd.
Clinton, OK

■グランシーモーテル　GLANCY MOTEL
ネオンサイン　矢印をモチーフにしたサインは
　　　　　　　　R66上にあるモーテルの記号
オクラホマ・ルート66ミュージアムから2.4km
直接予約　営業中
☎ (580)323-0112

223 W Gary Blvd.
Clinton, OK

■ポップヒックスレストラン
　POP HICKS RESTAURANT
1936年1月1日 open　地元のお馴染さんが集まる
　　　　　　　　24時間営業のレストランだった
1999年8月25日　火事崩壊
　　　　　　　　63年間の歴史にピリオド
R66で最も長く営業していたレストラン
旅チャンネルで放映されたお店
　　グランシーモーテルのすぐ近く
　　R66 Cafe AT the Market との間

301 W Gary Blvd.
Clinton, OK

■R66 CAFE AT THE MARKET

月～水	7:00～14:00
木・金	7:00～14:00
	17:00～20:00
土	7:00～20:00
日	9:00～14:00

☎ (580)445-7008

ナビ入力住所

ELK CITY

かつてはカウボーイの街　エルクシティ

2717 W 3rd St,
Elk City, OK

■ナショナル・ルート66博物館
　NATIONAL R66 MUSEUM
オクラホマの古い街並みを
実物大で再現したミュージアム

入口に R66の巨大看板

屋内は　R66の全盛期の8州に関する
ヴィンテージカー・アンティーク・歴史を再現
当時の R66の生活に溶け込む

屋外は　入場料5ドル（2018年）
屋内・屋外共通チケット有り

　月～土　9:00～17:00　冬季　9:00～15:00
　日　　　14:00～17:00
　休み　1月1日・イースター・感謝祭・クリスマス・
　　　　日曜（冬季）
☎ (580)225-6266

ERICK

エリック

201 S Sheb Wooley
Ave Eric, OK

■サンドヒルズカリオシティショップ
　SAND HILLS CURIOSITY SHOP
サンド・ヒルズ骨董店と言う名のライヴハウス
歌がなくても
ジャックダニエルでうがいしながら
「地獄だ！」と大声で狂ったように叫ぶライヴ
Harley Russell（ミュージシャン）が
映画「カーズ」メーターの
カントリーヒルビリーの
アクセントのモデル
☎ (580)526-3738

カーズランド

TEXOLA

テキソラ

テキサスとオクラホマの頭を取った街
オクラホマとテキサスの州境
ハイウェイ建設でゴーストタウン化した街

TX

テキサス州

contents

SHAMROCK　MCLEAN　ALANREED

ナビ入力住所

テキサス州 TX 291km

東西を走る R66と
南北に走る US ハイウェイ83カナダ⇄メキシコを
つなぐ大陸の交差点
かつては１つの国
1845年まで９年間テキサス共和国だった

SHAMROCK

1903年設立　アイルランド移民の町　シャムロック

■ユードロップイン U DROP INN
アールデコ様式の装飾のランドマーク
1936年４月　open　23000ドルで建造
　ガソリンスタンド
今は無くなった看板　ユードロップインカフェ
地元の８歳の男の子が名付けた（ネーミングコンテストで優勝）
2003年　修復
　映画「カーズ」ラモーンの塗装工場のモデル
月〜土　9:00〜17:00
☎ (806)256-2501

1242 N Main St.
Shamrock, TX

I-40 EXIT163

カーズランド

MCLEAN

マクリーン

■フィリップス66ガスステーション
　PHILLIPS 66 GAS STATION
1928年　TX で初めて作られたガスステーション

218 West First St
Mclean, TX

ALANREED

アランリード

■コノコ　CONOCO
ガソリンスタンド　66 SUPER SERVICE STATION
1930年　open
ガソリンスタンドの横にレンガのガレージ
廃墟

1300 I-40 EXIT135
Alanreed,TX

ナビ入力住所

13100 I-40,
Alanreed,TX

Mica info
LONE STAR BEER
テキサス州を
代表するビール☆

■アランリードトラベルセンター
　ALANREED TRAVEL CENTER
ギフトショップ・コンビニ・ローンスタービール
ビールの看板の所にあるのが刑務所
毎日　7:00～20:00
☎ (806)779-2202
テキサスモーテル　TEXAS MOTEL
2006年　モーテルのオフィス火事
営業中
郵便局併設
☎ (806)275-8777

GROOM

グルーム

I-40 EXIT114

■ブリテン給水塔
　BRITEN U・S・A LEANING TOWER OF TEXAS
傾いた給水塔
傾けて建てられるか　富豪達が賭けをして建てた
　R66で財を成したお金持ちの悪ふざけ
かつては　ブリテントラックストップと言う
　　　　　レストランがあり
　　　　　客を引くための広告塔だった
映画「カーズ」ルイジの店のタイヤは
傾いた給水塔が
モデル

カーズランド

2880 Co Rd2
Groom, TX

I-40 EXIT112

■巨大な十字架　GIANT CROSS
全長58m（190feet）　重さ75t　アメリカ最大
十字架の下　聖書の十字架にまつわる銅像
ギフトショップ

ナビ入力住所

I-40 Frontage Rd.
Panhandle, TX

I-40 EXIT96

Mica info
インターステートから
こんな感じで見えます

7701 I-40 E Accsess
Rd. Amarillo, TX

CONWAY

コンウェイ

■バグ・ランチ　VW SLUG BUG RANCH
イエローのフォルクスワーゲン・ビートル（5台）
　が地面に突き刺さっている
キャデラックランチのパロディ
映画「カーズ」エンディング
映画「バグズ・ライフ」の主人公
フリックのベース車として登場
　廃墟

AMARILLO

ヘリウムガス産出量今でも世界一　1929年　産出

アマリロ

■ビッグテキサン　BIG TEXAN
2kgのステーキを1時間で食べると
無料に　1960年から始まった
毎日　10:00〜22:30
☎ (806)372-6000

■ビッグテキサンモーテル　BIG TEXAN MOTEL
映画のセットのような外観のモーテル
ビッグテキサンと同じ敷地内
アメリカで最もクールなモーテル
　Best8の中に選ばれた
その理由は　品がなくゴテゴテ飾り
時代遅れの動物の毛皮
「古きアメリカ」…
チェックイン　　15:00〜翌1:00
チェックアウト　11:00
☎ (806)372-6000

ナビ入力住所

6040 I-40 W
Amarillo, TX

■トリップハレーダビッドソン
　TRIPP'S HARLEY-DAVIDSON
月～土　9:00～18:00
日　休み
☎ (806)352-2021

13651 I-40 Frontage
Rd, Amarillo, TX

Mica info
2019年9月8日
キャデラックの
1台が火事に…

広大な牧草地にポツンと
10台

■キャデラックランチ　CADILLAC RANCH
広大な牧草地に　1949～63年製造の
　キャデラックが　10台斜めに埋まっている
TX の富豪が作ったマジメな芸術品
　キャデラックは　アメリカンドリームの象徴
1974年6月21日　アートファーム（アーティスト）が
ヘリウムで富を得た大富豪スタンリーマシュ3世の
支援を得て作ったアートオブジェ

名称「マシュのキャデラックランチ」
テーマ「自由とアメリカンドリーム」

元々は　アマリロ寄りにあり
1997年　今の地（高速道路から見える）へ移設
　キャデラックが斜めに埋まっている角度は
　エジプトクフ王のピラミッドと同じ角度51度
「カーズランド」ラジエーター・スプリングスの
岩山が斜めは
キャデラックランチからイメージ
入口はゲート　徒歩200m 位
24時間　open　Free　私有地
Ⓟ路駐

カーズランド

2601 Hope Rd,
Amarillo, TX

■マフラーマン 2nd Amendment Cowboy
キャデラック RV パーク＆ギフトショップ
キャデラック3台　車の中はマネキンが乗っている
24時間　open　Free
☎ (806)355-7121

ナビ入力住所	
7954 E Amarillo Blvd. Amarillo, TX	■トライアングルモーテル　TRIANGLE MOTEL 1944年　open　レンガ作りのガレージ付きのモーテル 　　　　　　2つの建物の中に10部屋 タイル張りのシャワールーム　コの字型の広場 1977年　close 2006年　取り壊し命令 保存委員会とオーナーで阻止
4600 E Amarillo Blvd. Amarillo, TX	■ウッドイン　WOODS INN 1945年　open　個別の建物30室　石積みの切妻屋根 今は　Apartments アメリカ国家歴史登録財
4011 E Amarillo Blvd. Amarillo, TX	■シルバースパーモーテル 　SILVER SPUR MOTEL 1952年　open 2018年　火事 営業中 ☎ (806)383-7381
3619 E Amarillo Blvd. Amarillo, TX	■カウボーイモーテル　COWBOY MOTEL 1950年代～　営業中 ☎ (806)383-3040
2806 E Amarillo Blvd. Amarillo, TX	■トゥルーレストモーテル　TRUE REST MOTEL 名前を変えて　ルート66イン　R66 INN 当時のスタイルの平屋建て　営業中 ☎ (806)383-3318

**2501 Sw 6th Ave.
Amarillo, TX**

■ランチョテルヒストリックモーテル
　RANCHOTEL HISTORIC MOTEL
1940年　open　平屋建て
セントラルオフィスのまわりに16戸別U字型構成
漆喰の壁・交互のガレージ・洒落た煙突
アドービスタイルが特徴
今は　Apartments
1995年　アメリカ国家歴史登録財

アマリロ➡ベガ42km

VEGA

スペイン語＝小川　ベガ

**105 S Main St.
Vega, TX**

■マグノリア・ガスステーション
　MAGNOLIA GAS STATION
1924年　open
2004年　今の地に移築修復されたビジターセンター
賛同寄付者の名前が書かれたレンガが足元にある

**1005 Vega Blvd.
Vega, TX**

■ベガモーテル　VEGA MOTEL
1947年　open
2006年3月17日　close
当時のスタイルの平屋
当時は VEGA COURT
2006年10月5日　アメリカ国家歴史登録財

**607 Vega Blvd.
Vega, TX**

■ボナンザ・モーテル　BONANZA MOTEL
1964年　open　24室　朝食付き
Ⓟ・Wi-Fi・冷蔵庫・電子レンジ・ボトルウォーター Free
営業中
チェックイン　14:00　チェックアウト　11:00
☎ (806)267-2158

Mica info
マグノリア・
ガスステーション
徒歩9分

ナビ入力住所

1004 Vega Blvd.
Vega, TX

■ヒッコリーインカフェ　HICKORY INN CAFE
朝食・ランチのお店
おすすめ　ホームメイドパイ　ピザ
旅チャンネルで放映されたお店

火・水・金・土	6:00〜14:00
木　6:00〜14:00	17:00〜20:30
月　7:00〜14:00　日　休み	

☎ (806)267-2569

ADRIAN

エイドリアン

104 W Historic R66
Adrian, TX

I-40 EXIT22

Mica info
コテージ風
ガソスタが
そのままの姿で
道路を移動

■ベントドアカフェ
　THE BENT DOOR CAFE（Tommy's Cafe）
1940年　キャビン・カフェ・ガソリンスタンド
1946年　カフェ・ガソリンスタンド　close
1972年　close
2019年　再open
管制塔の窓を取り付け開閉するドアがユニーク
同じ敷地内にベガから移築した
コテージ風フィリップガソリンスタンド
☎ (936)615-7730

301 W Historic R66
Adrian, TX

■ファビュラスモーテル　FABULOUS 40S MOTEL
2016年　再open　ミッドポイントカフェの隣
☎ (806) 538-6215

305 I-40, Adrian, TX

■サンフラワー　SUNFLOWER STATION
ギフトショップ
ミッドポイントカフェの隣

毎日　9:00〜16:00

☎ (806) 538-6380

ナビ入力住所

305 W Historic R66,
Adrian, TX

■ミッドポイントカフェ　MID POINT CAFE
1928年　open　open 当時は24時間営業
　　　「カーズランド」Fl-O'S V8 Cafe のモデル

水〜日　8:00〜15:00
月・火　休み
☎（806）538−6379

カーズランド

301 I-40, Adrian, TX

1139mile ＝1833km
サンタフェルートは含まない

■ミッドポイント R66　MID POINT OF ROUTE66
中間地点

ロサンゼルス　←　| MID POINT | → シカゴ
　　　　1139mile　　　　　　　1139mile

301 I-40, Adrian, TX

■ナショナル・オールドトレール・ロード
　NATIONAL OLD TRAILS ROAD
1914年　NY へ続く道
初期の頃ドライバーの
目印になるよう設置
MID POINT OF ROUTE66
と同じ所に設置
住所も同じ

GLENRIO

　　　ゴーストタウン　アメリカ国家歴史登録財　グレンリオ
グレン＝谷　リオ＝川　スペイン語
TX と NM の州境
ハイウェイの整備により R66 が埋もれてしまった街
1973年〜住んでいる人はいない
1926年〜10年間　宿場町として栄えた
映画「怒りの葡萄」のロケ地

ナビ入力住所

I-40 BL, Hereford,TX

I-40 EXIT 0

U.S. Rte66, Hereford, TX

■テキサス・ロングホーンモーテル
　TEXAS LONGHORN MOTEL & STATE LINE CAFE & GAS STATION
1934年　サービスステーション＆バー＆郵便局
1946年　ダイナー
1950年　再open　カフェ＆サービスステーション
1975年　close

FIRST STOP IN TEXAS	テキサスで最初のモーテル
LAST STOP IN TEXAS	テキサスで最後のモーテル
MOTEL	

かつての看板の文字　今は…。

■ヒストリックリトルジュアレスダイナー
　HISORIC LITTLE JUAREZ DINER
1952年　ダイナー
映画「カーズ」で牢屋に入れられたマックィーンが
目覚めて最初に目に入る建物
最初廃墟だったモーテルがエンディングでは
「レーシングミュージアム」として復活する建物
今も廃墟　谷・川も無い

■ジョーズテキサコガスステーション
　JOE'S TEXACO GAS STATION
1940年　Joseph Brownlee 建造

New Mexico

NM

ニューメキシコ州

contents

ナビ入力住所

ニューメキシコ州 NM 603km

1583 Frontage Road
4132, Glenrio, NM

GLENRIO

TX と NM の州境　グレンリオ

■ ラッセルトラックトラベルセンター
　RUSSELLS TRUCK & TRAVEL CENTER
NM に入って最初の
　ドライブイン・ガソリンスタンド
店の奥にオールドカーが展示　Free
ガソリンを給油がてら見学
24時間 open
☎ (575)576-8700

ナビ入力住所

TUCUMCARI

ニックネーム魅惑の地　トゥクムカリ

元々の正式名ダグラス
1908年　トゥクムカリに　トゥクムカリ山から名付けた
宿場町として栄える
当時のキャッチフレーズ　2000室の快適な部屋…

815 E Route66 Blvd,
Tucumcari, NM

■ブルースワローモーテル　BLUE SWALLOW MOTEL
1939年3月29日　創業当初はブルースワローコート
ツバメは幸せを呼ぶ鳥　帰巣本能　青は誠実
（リリアン・レッドマンさんの言葉）
1958〜99年　2代目リリアン・レッドマン
⇩
3代目　デール・バッカ→ close
⇩
4代目　ビル＆テリー
⇩
2011年〜2020年　5代目ケビン・ミューラー
⇩
2020年7月〜　6代目ロブ・ドーン夫妻
2012年　ボビートゥループ賞受賞
　　　　　　（モーテル歴史的共有価値を高めた）
　　　　オフィスのロビーに金色の額
1939年 open 当時の
ウエスタンエレクトリック製黒電話が部屋にある
　ドアに貼られた注意書き
"部屋にカギを置いたままでチェックアウト OK"
　オフィスのフロントが
「カーズランド」Cozy Cone Motel のオフィスのモデル
アメリカ国家歴史登録財
ドライヤー無し　営業中
☎ (575)461-9849

オフィスのフロントがモデル
⇩

カーズランド

924 E R66 Blvd.
Tucumcari, NM

■ティピーキュリオス　TEE PEE CURIOS
1944年 open　ガスステーションと雑貨店
1959年〜現在　スーベニアショップ
アメリカインディアンの移動式住居ティピー
ネオンサイン　映画「カーズ」のモデル
季節によって時間の変更あり
　月〜日　8:00〜18:00
☎ (575)461-3773

ネオンサイン

1500 W Rte66 Blvd,
Tucumcari,NM

■ニューメキシコ R66ミュージアム
　NEW MEXICO ROUTE66 MUSEUM
古い時代の車の小さな博物館
2012年 open
1997年創設　ランドマーク　R66Monument
　月〜土　9:00〜13:00　日　休み
早く閉める事もあるので要確認
☎ (575)461-3064

SANTA ROSA

サンタローザ

サンタフェに行く（SANTA FE LOOP）と
サンタフェを通らないで
アルバカーキに行く道に分かれる

チョット寄り道

サンタローザ
⇩
ロズウェル
⇩
ホワイトサンズ
1〜2日多く余裕を

101 S 4St,
Santa Rosa, NM

■レイクシティダイナー　LAKE CITY DINER
サンドウィッチ・B&B
1902年　open　元銀行
2012年　close
2017年　再 open　新しいオーナー
　Arthur & Anastacia Baca 夫妻
　月〜土　4:00〜21:00　日　休み
☎ (575)472-5253

ナビ入力住所

2436 Route 66,
Santa Rosa, NM

■ルート66オートミュージアム
　ROUTE66 AUTO MUSEUM
歴代の名車を展示
車にガソリンを入れると直ぐに走る状態　購入可能
入場料　5ドル
7:30〜17:30
☎ (575)472-1966

1819 Historic R66
Santa Rosa, NM

■R66レストラン　ROUTE66 RESTAURANT
1986年　open
1950年代をテーマにしたレストラン
　故ボブ・ウォルドマイヤーさん[※2]も手掛けた
落雷により電気系統破壊
キッチンに小さな火事1週間で再開
2019年9月14日　close

1085 Blue Hole Rd.
Santa Rosa, NM

I-40 EXIT275

■ブルーホール　BLUE HOLE PARK
砂漠の真ん中の青い宝石…魔法
ダイビングスポット
　深さ25m　水温18℃　Ⓟ有料
地下水が1分間に1万ℓ以上湧き上っている
6時間で水が入れ替わる
　魚がいるが　釣り禁止
月〜日　8:00〜20:00　季節により時間変更
☎ (575)472-3763

1085 Blue Hole Rd.
Santa Rosa, NM

■サンタローザ・ビジターインフォセンター
　SANTA ROSA VISITOR INFO CENTER
ダイビングをするならスキューバ許可証
（1週間有効20ドル）が必要　購入可
土・日　7:00〜15:00
月〜金　8:00〜17:00

ナビ入力住所

LAS VEGAS

ラスベガス＝オアシス（スペイン語）　　　　　　ラスベガス

524 Railroad Ave.
Lasvegas, NM

■カスタネーダホテル　CASTA NEDA HOTEL
フレッドハービー最初のホテル
1898年　open　1948年　close
2019年　4月再 open
真正面　シカゴとロサンゼルスに行くサンタフェ鉄道
☎ (505)425-3591　　営業中
レールロード Ave の向かいに
ローリングスビル　ハービーガールズの寮
1948年　close　現在　修復中

FORT SUMNER

フォートサムナー

ちょっと寄り道

■ガンマン　ビリーザ・キッドの墓
1859年－1881年　ウィリアム・ヘンリー・ボニー
12歳で殺人　21歳で21人殺人
親友の保安官パット・ギャレットに射殺

サンタローザ➡ロズウェル
↓
途中に

3501 Billy The Kid Road,
Fort Sumner, NM

■OLD FORT SUMNER MUSEUM

1435 E Sumner Ave,
Fort Sumner, NM

■BILLY THE KID MUSEUM
日～土　8:30～17:00
☎ (575)355-2380

Mica info
街中の街灯がエイリアン？…

ROSWELL

ロズウェル

114 Main St,
Roswell, NM

■UFO 博物館　UFO MUSEUM
TV.「ロズウェルー星の恋人たち」ロケ地
1999年 10月6日～2000年5月15日放送
クラッシュダウン・カフェは LA の個人宅
9:00～17:00
☎ (575)625-9495

ちょっと寄り道

ナビ入力住所

19955 U.S.70
Alamogordo, NM

ホワイトサンズ➡
アルバカーキ 約4時間

Mica info
サングラスを
忘れずに…

トカゲ

水と一緒に植物も移動

ちょっと寄り道

■ホワイトサンズ
　WHITE SANDS NATIONAL MONUMENT VISITOR'S CENTER
世界最大石膏砂丘　砂丘の面積713㎢
　標高1200m
真白の砂丘　雪と錯覚
公園として保護されているのは　南側の4割
残りは　全米最大規模ミサイル射撃場
　ミサイル実験　週2回
その時は　公園上空を戦闘機が飛ぶ　2時間閉鎖
　宇宙からも見える
　第3の着陸候補地スペースシャトル用滑走路
　1982年3月30日　1度のみ着陸
1945年7月16日　核実験
3週間後広島に投下された原爆は　この地から
　夏には　せみが鳴いていたり　トカゲも…
斜面を使って　ソリで滑る事も
　夕陽の時　風紋がキレイ
ビジターセンター・ギフトショップ
　　　　　　　　　　　　　8:00〜18:00
デューンズ・ドライブ　7:00〜21:00
冬季　　　　　　　　　7:00〜日没
クリスマス以外は入場可能
季節・時間帯によって変わる要確認
☎(575)479-6124

ユッカ
砂の下に水があるので植物が生息

#37 Hwy82.
Alamogordo, NM

■Mc GINN'S PISTACHIO LAND

ちょっと寄り道

大きなピスタチオのモニュメントが目印
ピスタチオがリーズナブルに購入
　色々な味があり試食も OK!
　辛い物好きならチリ味も有りかも…
　ピスタチオアイスクリームもあり
ホワイトサンズの近くにある
　10:00〜17:00
☎ (575)437-0610

サンタフェ➡
カリフォルニア
1648km

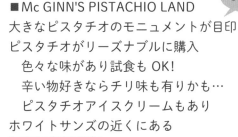

SANTA FE

Santa Fe 駅

　　　R66はインターステートに塗り込められた　サンタフェ
アメリカの宝石　日干しレンガのアドービが建ち並ぶ
インディアンとスペインの文化が融合した芸術家の街
アメリカで2番目の古い街
1610年　スペイン系の移民によって作られた

4360 Rodeo Rd,
Santa Fe, NM

■サンタフェハーレーダビッドソン
　SANTA FE HARLEY-DAVIDSON

水〜土　10:00〜18:00
日　　　11:00〜17:00
月・火　休み
☎ (505)471-3808

100 E SanFrancisco
st. Santa Fe, NM

■ラ フォンダ オン ザ プラザ　LA FONDA ON THE PLAZA
物資を輸送する業者・商人のための宿だった
1922年　open
1926年　フレッドハービーカンパニーが購入
3年後改装　アドービスタイルのホテル
営業中
☎ (505)982-5511

ナビ入力住所

207 Old Santa Fe
Trail, Santa Fe, NM

Mica info
今は上れません
破損の危険

■ロレットチャペル　LORETTO CHAPEL
1873年〜　建造　奇跡の階段
33段のラセン階段（聖歌隊の登る階段）
　誰がどんな技術で作ったのか不明
真ん中の支柱が無く　鉄の釘も使われていない
ノコギリ　T定規　ハンマーで造られた
約85年間1度もこわれず使われた

夏　10:00〜16:00
☎(505)982-0092

1091 S st Francis Dr,
Santa Fe, NM

■NATURAL GROCERS
オーガニック食品のスーパー

| 月〜金 | 8:00〜20:05 | 時間　要確認 |
| 日 | 9:00〜17:00 | |

☎(505)474-0111

ナビ入力住所

94 Santuario Drive,
Chimayo, NM

ちょっと寄り道

■サントワリオ・デ・チマヨ教会
　EL SANTUARIO DE CHIMAYO
カトリック巡礼の中心の地
1816〜19年に建てられた　奇跡の砂
　病気・ケガが治る砂
　大地から自然に湧き出る砂
　治った人達のまつばづえがズラリ
アメリカのルルドとも言われる
　砂　お持ち帰り OK
売店で入れ物を購入
自身で用意も OK
（フリーザーバッグ・空のペットボトル…）
1970年4月15日　アメリカ国定歴史建造物
☎ (505)351-4889

ちょっと寄り道

120 Veterans Hwy,
Taos, NM

サンタフェから112km

■タオス・プエブロ　TAOS PUEBLO
インディアンマンション
電気水道が無く　自然と共存した生活
タオス＝赤い柳　プエブロ＝集合住宅
1960年10月9日　アメリカ国定歴史建造物指定
1992年　世界遺産登録
1000年前の集落　今は殆ど人が住んでいない
2階の家に行くには　外からハシゴで建物の中に
　建物の中には階段は無い
水は目の前の川（リオプエブロ川）の水
灯りは　キャンドル（伝統を守るため）
外にパンをやく釜（オルノ）がある
8:00〜16:30
時間変更有り　要確認
☎ (505)758-1028

Mica info
mica（マイカ）という
化粧品がある
マイカパウダー　キラキラ
天然雲母　鉱物
プエブロ陶器にも使用

アドービ日干レンガ

| ナビ入力住所 |

ALBUQUERQUE
アルバカーキ

1777年　スペイン人によって作られた街

1405 Central Ave NE,
Albuquerque, NM

■66ダイナー　66DINER
50年代風アメリカ・ダイナー
1945年 open　サムズ66ガソリンスタンド
1985年　レストラン
1995年　火事→再建
　店の前の道路 R66

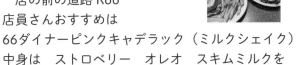

店員さんおすすめは
66ダイナーピンクキャデラック（ミルクシェイク）
中身は　ストロベリー　オレオ　スキムミルクを
シェイク（シェアをおすすめ）
ベジタリアン料理有り

日〜木　11:00〜20:00
金・土　11:00〜21:00
☎（505）247−1421

423 Central Ave,
Albuquerque, NM

■キモシアター　KIMO THEATRE
1927年　創業　映画館
デザインはプエプロデコ建築
キモ＝英雄　インディアンの色・形

火〜土　8:00〜17:00
日・月　休み
☎（505）228−9857

2500 Central Ave, SW
Albuquerque, NM

■エルバドモーテル　ELVADO MOTEL
1937年　open　インディアン保有地
2018年7月20日　再 open
1993年　アメリカ国家歴史登録財
営業中　☎（505）361−1667

5000 Alameda Blvd.
NE Albuquerque, NM

■ サンダーバードハーレーダビッドソン
　THUNDERBIRD HARLEY-DAVIDSON

月～金　10:00～17:00
土　　　 9:00～17:00
日　休み
☎ (505)226-8046

CUBERO

キュベロ

1406 State Rd 124,
Casa Blanca, NM

■ ビラ・デ・キュベロトレーディングポスト
　VILLA DE CUBERO TRADING POST
ガソリンスタンド＆グローサリーストア

月～土　8:00～19:00
日　　　9:00～17:00
☎ (505)552-9511

近くの宿で文豪ヘミングウェイが「老人と海」を執筆
海が無いこの場所で！！　キューバ…と思っていたら
赤い台地のパワーが　インスピレーション？…💡

「老人と海」を立ったまま打った
タイプライター（キューバ）

ヘミングウェイがここで執筆
ビラ・デ・キュベロの後ろ付近
今は使われていません

GRANTS

グランツ

カナダ人グランツ兄弟が新しくアトランティック＆
パシフィック鉄道を建設する基地となった場所

ナビ入力住所	

112 McArthur St,
Grants, NM

■サンズモーテル　SANDS MOTEL
エルビス・プレスリーが泊まったホテル
123号室　ELVIS ROOM
営業中　Hotels.com と
Expedia.co.jp から予約可能
Ⓟ　WiFi-Free
☎ (505)287-2997

932 E Santa Fe Ave,
Grants, NM

■グランツカフェ　GRANTS CAFE
1937年　創業　今はネオンサインのみ
R66協会のバックアップで修復
サンズモーテルから徒歩で直ぐの距離

100 Iron Ave,
Grants, NM

■マイニングミュージアム　MINING MUSEUM
トロッコのような乗り物に乗って
当時のウラン鉱を掘り出す過程が見れる
日　休み
月〜土　9:00〜16:00
☎ (505)287-4802

600 W Santa Fe Ave,
Grants, NM

■R66ネオンドライブスルー
　ROUTE66 NEON DRAIVE THRU
公園の一画　マイニングミュージアムの並び
近くに消防署
夕方に行くとネオンが点灯

Mica info
R66アイコンと
一緒に 📷

ナビ入力住所

1000 E Hwy 66
Gallup, NM

正面入口に
CHARM OF
YESTERDAY...
CONVENIENCE OF
TOMORROW
　魅惑の過去…
　明日のために

階段は丸太
手すりは
自然に曲がった木の枝

Mica info
チェックイン
15:00〜5:30
21歳から

GALLUP

　　　　ネイティブ・インディアンの居留区　ギャラップ
　　　　（ナバホ・ホピ・ズニ族）

■エルランチョホテル　EL RANCHO HOTEL
1937年12月17日　open　従業員はハービー co. が訓練
南部プラテーション様式
２階にバルコニーがある３階建て
1940年〜1964年の間に撮影された
　18本の映画の本部
1987年　close
西部劇の映画俳優達が宿泊
　映画制作の拠点
中２階　宿泊した俳優達の写真
ホテルの部屋　俳優の名前
103号室　ドナルド・レーガン
100号室　ジョン・ウェイン
　今も当時のまま　当時１泊35ドル
エレベーターは　ホテルのスタッフが動かします
上の階の部屋の場合は　階段
スーツケースがあるので
スタッフに一声かければ乗れます

Mica info
トランクルームが広い…
２つも

ジョン・ウェインルーム

1988年1月4日　アメリカ国家歴史登録財
ドライヤー・冷蔵庫無し
（氷はエレベーターの前に BOX）　Ⓟ　WiFi-Free
営業中　チェックアウト　15:00
☎ (505)863-9311

Arizona

AZ

アリゾナ州

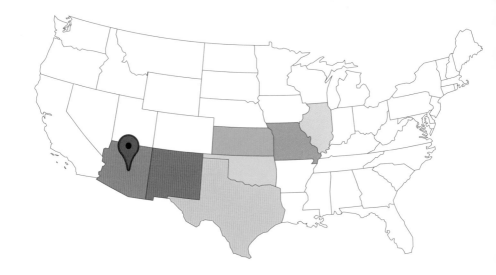

contents

LUPTON

ラプトン

ズニ族、ナバホ族、スー族のインディアン居留地
マヌエリート NM とラプトン AZ の州境
インディアンの居留地のため免税
このエリアを交易所「ナバホランド」と呼ぶ

NM から AZ の順に並んでいる　①→⑧
①スピーディーズ トラック ストップ　SPEEDY'S TRUCK STOP
トラック用ドライブイン　シャワー有
　月～日　24時間営業
☎ (928)688-2775

② TOMAHAWK INDIAN STORE
ネイティブアメリカン雑貨
　月～日　8:30～18:00
☎ (928)688-2596

1つのお店の中に⇕2つのお店

②ティピートレーディングポスト　TEEPEE TRADING POST
スーベニアショップ
ドリームキャッチャーのおみやげ選びに
良い物がリーズナブル
　月～日　8:30～18:00
☎ (928)688-2596

③ STATELINE GENERAL STORE
雑貨店　生活雑貨が安い
そのままの値段で購入

Mica info
インディアンマット
を購入したい方は
ここで…

④ CHAPARRAL TRADING POST
ギフト専門店

ナビ入力住所

リゾナ州 AZ 616km

I-40 EXIT 359から入ると
番号が逆になります
⑧→①

EXIT 359 I-40
Lupton,AZ

Grant Rd, Lupton, AZ

I-40 EXIT359

Mica info
ものすごいパワーを
感じる場所

ナビ入力住所

Grant Rd, Lupton, AZ

I-40 EXIT359

⑤ BLANKET STORE
ネイティブアメリカン雑貨店

⑥ THE BEST NAVAJO 3 ZUNI
ギフト専門店

⑦ YELLOW HORSE TRADING POST
ネイティブアメリカン雑貨店
月〜日　9:45〜18:00
☎ (928)688-2461

⑧ YELLOW HORSE GIFT SHOP
ギフトショップ
映画「カーズ」インスピレーションを受けた場所
ホイール・ウエル・モーテルのモデル
映画「カーズ2」レストランのモデル
カーズランドのラジエタースプリングスのモデル
☎ (928)688-4124
旅チャンネルで放映されたお店

R66を東→西　NM → AZ　①→⑧
インターステート Exit から入ると⑧→①の順に
お店が並んでいる

ナビ入力住所

HOLBROOK

牛の集産地　　　　　　　　　　　　　　ホルブルック

811 W Hopi Dr, Holbrook, AZ

■ウィグワム・モーテル　WIGWAM HOTEL
1950年〜　インディアンテント
　　　　　　ティピの形のモーテル
ここにはビンテージカー展示
2002年　歴史的遺産登録

映画「カーズ」マックイーンが
　　　泊まったモーテル
朝食無し　ドライヤー無し
チェックアウト　key drop Box
☎ (928)524-3313

カーズランド

Mica info
モーテルの裏に
サンタフェ鉄道
貨物列車の振動
汽笛あり…

Mica info
毎日 Beer…
Japan も良いネ♡
Arizona Sake 2018〜
日本酒　桜井厚夫さん
1639 Navajo Blvd
Holbrook, AZ
☎ (928) 241-8594

道路を渡った所に
スーパーセイフウェイ　Safeway
7:00〜22:00

120 W Hopi Dr. Old Route 66. Holbrook, AZ

■ジョー＆エージーズカフェ
　JOE&AGGIE'S CAFE
メキシコ・アメリカ・アメリカ南西料理
ベジタリアン・ツナ有り
月〜土　6:00〜20:00
☎ (928) 524-6540

101 Navajo Blvd. Holbrook, AZ

■レインボウロックショップ
　RAINBOW ROCK SHOP
手作りの７体の恐竜
岩石のお店
月・火・木・金・土　10:00〜16:15
水　10:00〜15:30
日　休み

Mica info
恐竜写真を撮るなら
写真代を忘れずに

ナビ入力住所

JOSEPH CITY

標高1537m

ジョセフシティ

3386 Old Hwy 66
Joseph City, AZ

I-40 EXIT269

入口の足元に…

■ ジャックラビットトレーディングポスト
　JACK RABBIT TRADING POST
ガソリンスタンド・ギフトショップ・
ミニ R66ミュージアム

第 2 次世界大戦の時代からあり
ネイティブアメリカンとの交易所だった
1949年からジャックラビットトレーディング
ポストとして open

Mica info
お店の方に何故ウサギなのか聞いてみたら
「わからない」と返答
　　当時　近くにライバル店が 6 箇所あり
旅人の目を引くために何か必要
生まれたのが　この看板だった

巨大看板が目印

国立公園に看板と同じような顔立ちの
耳と後ろ足が長い
ジャックラビット（野うさぎ）がいる

「カーズランド」看板のウサギがメーター

カーズランド

日　　　10:00〜17:00
月〜土　9:00〜17:00
☎ (928) 288-3230

ナビ入力住所	

WINSLOW

鉄道会社の副社長の名前　ウィンズロー
蒸気機関車時代サンタフェ鉄道の水と燃料を補給する
重要な停留所だった

Corner of Kinsley &
E 2nd St. Winslow, AZ

R66アイコンと一緒に 📷

■スタンディンオンザコーナー
　STANDIN' ON THE CORNER
イーグルスの「テイク・イット・イージー」
　Take it easy が生まれた場所
車がスタッグ　3日間足止めになった時に書いた
　この曲のおかげで街の再建
記念碑が建つ　コーナーの対面のギフトショップ
　（かつてはドラッグストア）

ここの2階でイーグルスがライヴ→
2004年10月　焼失→再建
銅像と赤のトラック　映画スタジオな感じで建つ
　窓はトリックアートのように描かれている
☎ (480) 326-3486

303 E 2nd St,
Winslow,AZ

今にも到着の汽笛が
聞こえてきそう…

■ラ・ポサダホテル　LA POSADA HOTEL
アメリカ初女性建築家メアリ・エリザベス・
　ジェーン・コルターにより設計

1930年　open　1957年　close
駅舎に食事とホテルを備えた
　複合体「ハービーハウス」だった
インターステートができサンタフェ鉄道と
R66が無くなり　刑務所だけが残った
刑務所がある街は国が援助する事が決められている
　その制度を利用再建
2011年　再open　当時の面影が残る
このホテルとバーストゥ駅舎のホテル（CA）は
同じ会社が建設・設計も同じ方
☎ (928) 289-4366　　営業中

ナビ入力住所

W Hwy66. U.S
Winslow, AZ

I-40 Exit239

METEOR CITY

メテオシティ

■ メテオシティトレーディングポスト
　METEOR CITY TRADING POST
近くにメテオクレーターがありその名にちなんで
メテオシティトレーディングポストをシティと呼ぶ
1938年　当時テキサコガソリンスタンド
1941年〜　交易所を拡大　食料品などを提供
1979年　ジオデシックドームビル
バックミンスター・フラー（建築家・発明家）に
　　より設計　半球ドーム型
映画「スターマン」1984年のロケ地
2001年　close
2003年　ボブ・ウォルト・マイヤー[※2]の
　　　　手描き R66世界最長の地図を
　　　　　ハンプトン・インのボランティアにより復元
2012年　close
2017年　再 open

METEOR CRATER

1967年ナショナル・ランドマーク登録　　　メテオクレーター

I-40 Exit 233
Winslow, AZ

展望台

Mica info
バリンジャー博士の
家族が所有
個人所有…

■ アリゾナ大隕石孔
　METEOR CRATER NATIONAL LANDMARK
隕石・宇宙博物館
約5万年前　唯一風化せず残っている隕石孔
時速7万kmで大気圏突破　総重量1億7500万トン
直径約45m の隕石（流れ星）が衝突して出来た穴
直径1300m　深さ170m
衝突はマグニチュード5.5以上の地震
アポロ宇宙飛行士がここで訓練
夏期7：00〜19：00　冬期8：00〜17：00
☎ (928) 289-2362

TWO GUNS

ツゥガンズ

I-40 Exit230

アパッチインディアンの洞窟
西部開拓時代　幌馬車で旅人が訪れた
アパッチ族とナバホ族の抗争の場所
今は見る影も無い
かつて動物園（マウンテンライオン）があった
現在私有地

TWIN ARROWS

ツインアローズ

I-40 Exit219
Flagstaff, AZ

6mの矢（電柱）が
刺さっている

■Canyon Padre Trading Post
ガソリンスタンド＆カフェ
1949年　open
1950年代の電話用の電柱が刺さっている
1990年　close
1995年　再開→1998年　close
周囲は何も無い　廃墟

FLAG STAFF

サンフランシスコ・ピークが見え始めるとフラッグスタッフ
街の決まり　街灯を低く
星空がキレイに見えるように配慮
標高2100m　ボルダーより500m高い
日本競泳チームが強化合宿をした所
映画「イージー・ライダー」「フォレスト・ガンプ」
ロケ地

2650 E Route66,
Flagstaff, AZ

■Americana Inn R66
映画「イージー・ライダー」のスタッフの宿泊モーテル
2019年7月14日　イージー・ライダー公開50周年
売却へ

3404 E R66.
Flagstaff, AZ

■ミュージアムクラブ　MUSEUM CLUB
バー・クラブ　カントリー＆ウエスタン・バー
1931年　open　この街で１番最初に建てられた
　　　　　　　　剥製博物館
その後　ステージ・ダンスホールを造り
今も　当時の暖炉がある
かつては"オアシス"と呼ばれていた
ゴーストスポット
AZ州重要文化財として登録
土・日　11:00〜翌2:00
☎（928）526-9434

One East R66
Flagstaff, AZ

■フラグスタッフ駅　FLAG STAFF RAILROAD DEPOT
Amtrak駅＆ビジターセンター
1926年　建設
月〜土　　8:00〜17:00
日　　　　9:00〜16:00
☎（928）213-2951

100 N SanFrancisco
St. Flagstaff, AZ

■モンテビスタホテル　MONTE VISTA HOTEL
1927年１月１日　創業　ランドマーク
ホテルの名前を公募当時12歳の少女がコンテストで優勝
マウンテンビュー＝モンテビスタ（スペイン語）
かつてジョン・ウェイン　クラーク・ゲーブル
アンソニー・ホプキンスが宿泊
営業中　チェックイン　15:00　アウト　11:00
☎（928）286-7990

218 S Milton RD,
Flagstaff, AZ

■木こりのマフラーマン[※1]
Granny's Closet レストラン＆バー
レストラン＆バー　　close

AZにある唯一１体

ナビ入力住所
11 S Beaver St. Flagstaff, AZ

■ビーバーストリートブリュワリー
　BEAVER STREET BREWERY
駅舎の近く　ビール醸造所併設
新鮮なビール　サンドウィッチ　サラダ
ベジタリアン　ヴィーガン　グルテンフリー
薪釜で焼いたピザ　ビールの種類豊富
Ⓟ有り

日～木　11:30～21:00
金・土　11:30～22:00

☎ (928) 779-0079

ちょっと寄り道

> フラッグスタッフ➡セドナ
> 約50km　2時間位

331 Forest Rd. Sedona, AZ

■セドナ観光案内所
8:30～17:00
☎ (800) 288-7336

> Mica info
> ＡＺの雨☂
> 年間降水量200ミリ
> 車社会　傘が無い

483 Airport Rd. Sedona, AZ

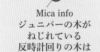

> Mica info
> ジュニパーの木が
> ねじれている
> 反時計回りの木は
> 大地からエネルギー流入

■エアポートメサ　AIRPORT MESA
サンライズ　サンセットの人気のスポット

エネルギーを一気に吸収
心身の疲れを取り活力を
与えてくれる
男性的エネルギー

500 Back O Beyond Rd. Sedona, AZ

観光案内所から7km位
車で10分

> Mica info
> 別名
> オルガンパイプロック

■カセドラルロック　CATHEDRAL ROCK
セドナのアイコン

受容・母性をサポート
女性的エネルギーの流れ
大地のエネルギーを
感じ取れる

780 Chapel Rd,
Sedona, AZ

Mica info
目を閉じると涙が
ボロボロ

4999 State Route
179. Sedona, AZ

Mica info
下りる時
しゃがみながら
滑り台のように
下りる所あり…

Boynton Canyon Trail,
Sedona, AZ

Mica info
手のひらを地面に
近づけると
地球のボルテックス
パワーをビリビリ
感じる◎

■ホーリークロス教会
CHAPEL OF THE HOLY CROSS
マリア様がイエスを抱きかかえたのを2人の尼僧が
　見守っているように見え
インスピレーションを受けて建てた
愛する心　優しい感情をサポート
☎ (928) 282-4069

1956年建築家マンクレッド・ス
クッドにより建造

■ベルロック　BELL ROCK
男性的なエネルギーが流れ　活力を与えてくれる
ベルロックの隣には　コートハウスビュート（裁判所）
2つの山のエネルギーが　流れ込む
　パワフルなボルテックス
ハート型の石に出会ったり…♡
必ずガイドさんと一緒に登る事
　キケンです!!

標高1499m

■ボイントンキャニオン　BOYNTON CANYON
ネイティブアメリカンが人類発祥の地として崇めた
　女性性を司るカチーナウーマンロック
男性性を司るウォーリアー（戦士）が立つ

　ウチワサボテンを見て
ウォルト・ディズニーが
インスピレーション💡
世界的なキャラクターが誕生

女性・男性的エネルギー

300 Red Rock Crossing
Rd, Sedona, AZ

Mica info
📷 おすすめ
サンセットタイム

■レッドロッククロッシング
　RED ROCK CROSSING
クレッセントムーン公園入口から歩道を歩いて10分
女性的エネルギーを　感じる
オーククリークとカセドラルロックの
　優しく幸福なエネルギーが流れる♡
オーククリークの川は浄化作用があり
カセドラルロックから流れるパワーが
漂っているスポット

切株までハート

水の妖精か…

Mica info
川と一緒にカセドラルロック
セドナの代表的な写真はここ !!

101 N Hwy 89A
Sedona, AZ

■ワイルドフラワーブレッドカンパニー
　WILDFLOWER BREAD COMPANY
パンを中心としたメニューのパン屋さん
お弁当用に注文するとハイキングの供に…

セドナ産の野菜

月～金	6:00～21:00
土	7:00～21:00
日	7:00～20:00

☎ (928) 204-2223

320 N State Route
89A, STE.#1 Sedona,
AZ

■セドナハーレーダビッドソン
　SEDONA HARLEY-DAVIDSON, AZ
SINAGUA PLAZA　2階
月～日　10:00～18:00
☎ (928) 204-0020

ナビ入力住所

10520 W Rte66,
Flagstaff, AZ

Mica info
フラッグスタッフの
街には無く
ベルモントへ
行く道に
並んでいる

11840 W Rte66
Bellemont, AZ

12000 Bellmont RD
Bellmont, AZ

I-40 EXIT185

12963 old Rte 66.
Parks, AZ

FLAGSTAFF

フラッグスタッフ

■パイン・ブリーズ・イン　PINE BREEZE INN
映画「イージー・ライダー」1969年ロケ地
オフィスドアに「イージー・ライダー」のポスター
横に1台のトロッコ
ピーター・フォンダとデニス・ホッパーが
部屋を借りようと立ち止まったシーンのモーテル
現在　close　RV.パーク併設
☎ (928) 853-9363

BELLEMONT

ベルモント

■R66ロードハウスバーアンドグリル
　THE R66 ROAD HOUSE BAR AND GRILL
パイン・ブリーズ・インのネオンサイン
"No Vacansy" がビリヤード台の上付近

| 火〜木・日　12:00〜21:00 | |
| 金・土　　　12:00〜24:00　休み　月 | |

☎ (928) 774-5080
■グランドキャニオンハーレーダビッドソン
　GRAND CANYON HARLEY-DAVIDSON

火〜土 9:00〜17:00　日・月休み

☎ (928) 774-3896

PARKS

アリゾナで標高が1番高い　標高2423m　パークス

■パインゼネラルストア　PINE GENERAL STORE
DELI & CAFE & POSTAL ANNEX
雑貨&ガソリンスタンド　ポストオフィスも兼営
1906年　open
お店の前のR66の道(1931年)はアメリカ国家歴史登録財
毎日　8:00〜19:00　☎ (928) 635-4741

233 N Grand
Canyon Blvd.
Williams, AZ

235 N Grand
Canyon Blvd.
Williams, AZ

WILLIAMS

標高2062m　ウィリアムズ

グランドキャニオン鉄道　発着駅
ウィリアムズ駅⇄グランドキャニオン駅
107km　2時間15分
1899年　鉱物を運び出すために敷かれる
1901～68年　サンタフェ鉄道が買い取り旅客鉄道
1989年9月17日　再 open

■ウィリアムズ駅　WILLIAMS DEPOT
チケット売場・直営のショップ
　ウィリアムズに宿泊して
グランドキャニオン鉄道で
グランドキャニオンへ日帰りの旅　逆でも…
　お天気が良いと乗車の時
赤のジュータンが敷かれ
音楽隊のセレモニーが有る
☎ (800) 872-7245

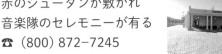

レンガ　1908年製

■フレイマルコスハービーハウス
　FRAY MARCOS HARVEY HOUSE
1908年　open
フレッドハービーホテルの1つ
Santa Fe 鉄道沿いにハービーハウス
ホテル＆レストランのチェーン店を作っていた
　宿泊はできないが　一般公開をしている
1995年　Fray Marcos Hotel を忠実に
グランドキャニオンレールウェイホテル
　GRAND CANYON RAILWAY HOTEL を建築
宿泊して当時にタイムスリップしてみるのも…☆
☎ (928) 635-4010　営業中

ナビ入力住所

Grand Canyon
Village. Grand
Canyon National
Park, AZ

グランドキャニオン駅

Mica info
座席はA・B席が
おすすめ
Show が窓越しに
見れる

1EL Tovar Road
Grand Canyon,AZ

233 W Historic R66
Williams, AZ

■グランドキャニオン駅
GRAND CANYON RAIL WAY DEPOT
1899年　鉱物を運ぶのに敷設
1901年９月17日　資源が無くなり旅客鉄道　開通
　　当時の運賃３ドル95セント　１日１往復
1968年　営業終了
1989年９月17日　再 open
アメリカ国家歴史登録財
☎ (800) 843-8724

Mica info
丸太でできた駅
アメリカに
３ヵ所のみ

Mica info
チップを忘れずに

Mica info
渓谷はまったく
見えない

■エルトバホテル　EL TOVAR HOTEL
1905年　open　フレッドハービーカンパニー運営
地元の石炭岩・オレゴンパインで建てた (25万ドル)
78室のうち　スイート12室
1987年　国定歴史建造物に指定
かつてセオドア・ルーズベルト　アインシュタイン
クリントンが宿泊
営業中
☎ (928) 638-2631

■クルーザーズカフェ　CRUISER'S CAFE
ステーキ・リブ・バーガー＆スーベニアショップ
R66全盛期の記念品展示
トイレのドアがユニーク
トラックの荷台にある
後ろアオリを使用
毎日　11:00～21:00
☎ (928) 635-2445

200 N Grand Canyon
Blvd. Williams, AZ

101 E R66
Williams, AZ

200 W Railroad Ave.
Williams, AZ

■R66ジップライン　R66 ZIP LINE
あっという間に後ろに進み　戻る
金額が見合うかあなた次第…
当日 Card 可・web でチケット購入可
要確認　予約していても係の人がいない時あり…
☎ (928) 286-3400

> Mica info
> スキー場の
> リフトのような
> チェアスタイル

■ピート R66ガスステーション
　PETE'S ROUTE66 GAS STATION MUSEUM
ピート・ペトリーさん　かつてベテラントラッカー
2002年　ガソリンスタンドをミュージアムに修復
2012年　日本の Car 雑誌
「ノスタルジックヒーロー 2 月号」に記載
2011年10月　「マルチステート・ダットサン・
クラシック by 南カリフォルニア　ダットサン
　　　　　　ロードスター・オーナーズクラブ」
ロサンゼルス→ウィリアムズ　650km走破
　イベントの表賞式・閉会式を催行
日本車ダットサンが Pete さんの garage で給油

10:00～20:00　要確認
冬季は休み
☎ (928) 635-2675

■ウィリアムズビジターセンター
　WILLIAMS & FOREST SERVICE VISITOR CENTER
入口にクマのスモーキー（本日の森林火災予報）
ここにエンジェルさんの
　言葉があります
毎日　8:00～17:00
☎ (928) 635-4061

> ルート66
> このハイウェイには
> 涙が　振りかけられている
> 希望が振りかけられている
> 夢が　振りかけられている

ナビ入力住所

ASH FORK

世界のフラッグストンキャピタル　アッシュフォーク

1885年　火災
1893年　大火災
1977年11月20日　大火災
1987年10月7日　大火災
4度に渡る街の火災

901 W Old Route66
Ash Fork, AZ

I-40 EXIT144

■アッシュフォーク R66ミュージアム
　ASH FORK R66 MUSEUM

当時の街の様子をマネキン・ミニチュアで再現

エスカランテホテルハービーハウス
ESCALANTE HOTEL & TRAIN STATION

1907年3月1日 open　建設費用115000ドル
第2次世界大戦の終わりまでの全盛期
東部の都市のファーストクラスのホテル
電話・蒸気暖房・温水・冷水のバス
電機ライト（今で言う電気スタンド）
ゲストはドレスコード　軽装 NG
R66が開通　鉄道時代から車社会に変わり経営悪化
1951年　ホテル close
1959年　レストラン close
1968年　解体
1977年11月20日　大火災　街の多くの建物が焼失
月〜金　8:00〜16:00
☎（928）637-0204

当時の時刻表

314 Lewis Ave.
Ash Fork, AZ

■デソート・サロン
　DESOTO'S SALON
1958年　open
テキサコステーション
エルビス・プレスリーが運転していたモデル
クライスラーデソート（1960年製）が
屋根に乗っている
2001年　再open　美容院と理髪店
Close

518 Lewis Ave.
Ash Fork, AZ

■アッシュフォーク駅　ASH FORK STATION
グランドキャニオンからカイバブ台地
フラッグストーン（カイバブ板石）の出荷地だった
辺りには　平らな石がズラーリ
当時のまま　時が止まっている
1969年4月　旅客サービス終了

242 W Lewis Ave. R66.
Ash Fork, AZ

■ゼトラース R66ストア　ZETTLERS R66 STORE
R66スーベニアショップ・電化製品・キャンプ用品
1929年　open　ベーカリーストア
　　　　　　　第2次大戦後は食品マーケット
1945年　雑貨
2012年まで営業　その後close

勇気を
もらいました☆彡

2020年9月　再open　コロナの中…素晴らしい

| 月～金　9:00～19:00　土　9:00～18:00 |
| 日　　　休み |

ナビ入力住所

I-40 EXIT123

22265 W Historic
Rte66, Seligman, AZ

エンジェルさんの
言葉
Happy を日本の
ハッピにかけて
プレゼント
AZ.R66ニュース
に載りました

Mica info
理髪店のイス
1926年当時
194ドル

SELIGMAN

ウィンズローとニードルス間列車乗務員の交代宿泊地
　　　　　　　アメリカ国家歴史登録財　セリグマン

この街には R66を復活・保存を立ち上げた
ANGEL DELGADILLO さんがいらっしゃいます
（2021年現在94歳）
アリゾナ州歴史ルート66協会創設者

Mica info
R66グッズを
お店に置く
スタイルは
世界初
ここが発祥

■ANGEL'S BARBER SHOP
R66ビジターインフォメーション＆
　ギフトショップ
1950年〜　理髪店
1987年2月18日　AZ 州議会や政府に
　　　R66を保存する団体を全米で初めて立ち上げた
1988年　｜ セリグマン→キングマン144km
4月23日　｜ 歴史的街道ヒストリック R66認定
1988年〜毎年5月 "R66 Fun Run"
　クラシックカーに出会える
セリグマン→キングマン（日程はネットで確認）
映画「カーズ」の舞台　カーズ制作に尽力
エンドクレジットに　エンジェルさんの名前
　R66生誕90周年の１ドル札　エンジェルさんと
ホワンさん(エンジェルさんの兄　2004年他界)の
　１ドルで購入出来　使える

年中無休　8:00〜17:00
冬　9:00〜17:00 or 8:30〜17:30
☎ (928) 422-3352
route66giftshoop.com

ヒゲソリ中…
ドキドキ…♡

エンジェルさんのお店の所にある
TEXACO の看板
1936年　ガソリンスタンドがあった
　　　　看板のみ

ナビ入力住所

301 E Chino,
Seligman, AZ

22325 W Historic R66,
Seligman, AZ

114W Historic Rte66,
Seligman, AZ

22405 Historic Rt66,
Seligman, AZ

■スノーキャップ　SNOW CAP
アイスクリーム　軽食　ファストフード
1953年　open　Gas Station &シェイク・ハンバーガー
当時　飲食が出来るお店は　ここのみだった
お店に入るドアノブが　2つあったり…
アイスクリームを注文するとカップに氷とクリームが…
ユーモアたっぷりのパフォーマンス
アイスクリームを手にする頃には　笑いの涙…
裏にあるオールドカーを見て映画「カーズ」をインスピレーション
映画「カーズ」のモデルになる
　月～土　10:00～18:00　日　10:00～17:00
冬は閉めている事があり要確認　☎ (928) 422-3291

■RETURN TO THE 50'S
ミュージアム・軽食・ドリンク
1961年　open　1985年　close　1998年　再open
　日～土　8:00～18:00　☎ (928) 422-4790

■COPPER CART
1952年～　ギフト・バイク・カフェ
オートバイの部屋があり　すべて走行状態OK
外に映画「カーズ」フィルモアの車
　8:00～17:00　☎ (928) 864-8492

■THE HISTORIC SELIGMAN SUNDRIES
ギフトショップ
1905年　パイオニアホール&シアター&ダンスホール
1926年まで高校のダンス・劇・卒業式に使用
1930年　ドラッグストア　町で唯一電話があった
2005年　新しいオーナーにより目立つ外観に
　　　　Soda Fountain がある
　日～土　7:00～16:00　☎ (928) 853-0051

ナビ入力住所

502 W Hwy66.
Seligman, AZ

■ロードキルカフェ＆牢屋
　ROAD KILL CAFE & O. K. SALOON
バー＆カフェ　アメリカ料理
ベジタリアン・ヴィーガン有り
　牢屋に入って 📷
8:00〜20:00
☎ (928) 422-3554

21455 West I-40
Business Loop
Seligman, AZ

Mica info
サンタフェ鉄道の線路が
近くにあり列車の振動・
汽笛が…
モーテル敷地内に猫

■ステージ・コーチ66モーテル
　STAGE COACH 66 MOTEL
フォードの CM で使われ
全米で有名になったネオンサイン
オーナーさんはノルウェーの方
ロビーに彼女がスキーで道路を飛びこえている
写真がある
テーマの部屋有り　40室
☎ (928) 422-3470

22940 W Historic
Rte66, Seligman, AZ

■ヒストリック R66ジェネラルストア
　HISTORIC R66 GENERAL STORE & RV RARK
日用品・おみやげ・ガスステーション・食料品
1886年〜
毎日　8:00〜20:00
☎ (928) 422-3549

■ハバスホテル　HAVASU HOTEL
1882年　サンタフェ鉄道セリグマンまで開通
1905年　open　木造家屋のハービーハウスホテル
1954年　close
1984年　旅客列車がセリグマンを停車しなくなった
2008年5月　解体
駅の隣にあった読書室はセリグマンハイスクールに移設

ナビ入力住所

115 R66
Peach Springs, AZ

オオヤマネコ　レプリカ

レプリカ

PEACH SPRINGS

ピーチスプリングス

18世紀後半フランシスコ派の宣教師により
泉の側に植えられた桃の木が由来
WALAPAI インディアン居留地

■グランドキャニオンキャバーンズ　GRAND CANYON CAVERNS
1957年　恐竜洞窟
1962年　グランドキャニオン洞窟に改名
洞窟ツアー　エレベーターで地下64m
エレベーターは NY の BANK のをリサイクル（1962年製）

> Mica info
> 6500万年の
> 歴史

20分のツアー　レストランとブーケの所まで
45分のツアー　オオナマケモノのレプリカまで行く午後4時最終ツアー

歩道は　地上から洞窟に向かって穴を開け
セメントを落として作製
洞窟をさらに進むとホテル（1泊2名700ドル）
　　TV・シャワー何でもある
洞窟内乾燥　1977年・2000年にここで結婚式をした
花嫁さんのブーケが　そのままドライフラワーに
今も　2000人が2週間生き延びられる備品の倉庫
　　　　　　水・薬・食糧品・トイレットペーパー etc
1850年頃　オオヤマネコの白骨が見つかる
　　　　　　落ちて3週間で肺が乾燥
11000年前　絶滅したオオナマケモノの一種の
　　　　　　骨が見つかる（身長3.1m　重さ1000kg）
自然に出来た穴から落ち壁に這い上がろうとした爪痕
レプリカ展示
骨は　研究のためアリゾナ大学にある
　AZ 州の観光・アクティビティの提供
　宿泊施設・食料品ストア・ガソリンスタンド
　敷地内　オールドカー展示
毎日　9:00　open　☎（928）422-3223

ナビ入力住所

Eagle Point Rd. Grand
Canyon West, AZ

スカイウォークのみ
1人79.21ドル（2019年）
カメラマンの写真
USB　65.10ドル（2019年）

Mica info
チケットに番号
番号で入場
アナウンス要注意

■グランドキャニオンスカイウオーク
　GRAND CANYON WEST LEGACY SKYWALK
道が舗装されているので　乗用車でOK
1日がかりになる　日程に余裕を持つ
写真NG　荷物は全てロッカー
靴にはシューズカバーをして歩く
写真は　カメラマンのみ
強化ガラスの厚さ　約10.2cm
made in China
9:00〜17:30
☎ (888) 868-9378

ちょっと寄り道

Mica info
コロラド川からの
高さ1100m

何が怖いか…
TV. 新聞の
第1号になりません
ように…

HACKBERRY

標高1092m　ハックベリー

11255 East Hwy
66 Hackberry, AZ

コルベット　1957年製

Mica info
セルフコーヒー有り
お買物がしやすい
税込み価格

■ハックベリージェネラルストア
　HACKBERRY GENERAL STORE
アンティークに囲まれたドライブイン
1934年〜1978年　ノースサイド・グロッサリー＆
　　　　　　　　コノコガソリンスタンド
ボブ・ウォルド・マイヤーさん※2（R66放浪画家故）が
1993年　自らの手でリフォーム
　　　　Old R66ビジターセンター開設
愛車のワーゲン（1922年製）で暮らしていた
R66ホール・オブ・フェイム・ミュージアム展示
　　　　　　　　　　　（ポンティアック IL）

バイカーに人気の店
毎日　8:00〜19:00
冬季　休み
☎ (928) 769-2605

1920年？30年代に
タイムスリップする
出会いも

ナビ入力住所

KINGMAN

キングマン

1882年　設立　鉄道測量士のルイス・キングマンに
　　　　ちなんで名付けられた
空軍の基地　アトランティック・パシフィック鉄道の街

401 E Andy Devine Ave,
Suite C, Kingman, AZ

■キングマン駅　KINGMAN STATION
1906年　開業　Amtrak 停車駅
駅舎の中に　レイル・ロードミュージアム　2ドル
ミニチュアで　当時の街並みを再現
☎ (928) 718-1440

駅舎の並びに WATER TOWER 円柱状の貯水タンク

325 E Andy Devine
Ave, Kingman, AZ

キングマンの
歴史的建造物

■ホテルビール　HOTEL BEALE
1899年　open　キングマンで最初の3階建ての建物
　　アリゾナの宝石と呼ばれていた
当時　クラーク・ゲーブルなど　セレブが宿泊
1906年　俳優の Andy Devine
　　アンディ・ディバインの父親がホテルを購入
1923年　ホテルビールに改名
1926年　売却
2000年　close
繁栄していた当時を　垣間見る事が出来る
　　ゴーストがでる有名なスポット
キングマンの R66は Andy Devine Ave
アンディ・ディバインの名が付いている

ナビ入力住所

120 W. Andy Devine
Ave. Kingman, AZ

■ キングマン・パワーハウス
　KINGMAN POWER HOUSE
ビジターセンター＆ヒストリック R66ミュージアム

エンジェルさんの
１ドル札（2019年）

1907年　創業　電力所跡
フーバーダム（1938年）が
オンラインになった時　閉鎖
映画「怒りの葡萄」のシーンをマネキンで再現
当時の街並み・歴史・クラシックカー展示
ミュージアムのガイドパンフレット日本語版がある
　9:00〜17:00　　5ドル　Cash only
☎（958）753-9889

105 E Andy Devine
Ave. Kingmanm, AZ

■ ミスター D'z ルート66ダイナー
　MR.D'z R66 DINER
1943年〜　昔風ダイナー
ハンバーグ・サンドウィッチ
・ピザ・自家製のルートビア
駐車場から R66アイコンを入れて📷
　毎日　7:00〜21:00
☎（928）718-0066

400 W Beale St.
Kingman, AZ

■ モハベミュージアム　MOHAVE MUSEUM
ネイティブアメリカンインディアンの歴史
　月〜金　　9:00〜17:00
　土　　　13:00〜17:00
　日　休み
☎（928）753-3195

ナビ入力住所

3471 W Chea Dr.
Golden Valley, AZ

■ COLBAUGH PROCESSING INC.

ちょっと寄り道

ターコイズ　アクセサリー＆パーツ
　キングマンは　ターコイズが採掘
ターコイズ…自分で持つとお守り（旅のお守りとも）
人からプレゼントされると幸運♡
良い品物がリーズナブル

月〜金　8:30〜16:30
土・日　休み

☎ (928) 565-4650

2501 Beverly Ave.
Kingman, AZ

■ マザーロードハーレーダビッドソン
　MOTHER ROAD HARLEY-DAVIDSON

バイクはもちろん　小物・雑貨・服
アメリカのバイク…と言えば…
バイク好き必見
R66を旅しながら立ち寄るのも Good

火〜金　9:00〜18:00
土　　　9:00〜17:00
日・月　休み

☎ (928) 757-1166

ナビ入力住所

COOL SPRINGS

クールスプリングス

8275 Oatman Rd.
Kingman, AZ

■クールスプリングスキャビンズ
　COOL SPRINGS CABINS
1926年　open モービルガスステーション＆カフェ
1966年　火事で全焼
1991年　映画「ユニバーサル・ソルジャー」1992年
　　　　撮影の為に爆破
2004年　修復　open
毎日　9:00〜17:00
☎（951）436-6480

ここから先オートマンまでの道は
ガードレールも無い　くねくね道
前方が見えなかったり　道幅が狭かったり
ロバがいたり　ウンチがあったり
落ちないように注意
当時　事故が多発
血染めのハイウェイとも
落ちた車が　今でも当時のまま…

■山道の途中 Ed's Camp and Kactus Cafe
1919〜92年まで営業
当時ガスステーション・食品・トイレ・修理・宿があった
R66を旅する人のためのキャンプサイトだった
今は個人の所有地　立入禁止

Mica info
メインストリート
200m

181 Main St.
Oatman, AZ

Mica info
トイレが１つのみ
男女兼用

ナビ入力住所

OATMAN

オートマンは元々「ビビアン」オートマン

100年前にタイムスリップ
西部劇のセットのような街並み
ブラックマウンテン鉱山の町　標高896m
1902年　金の採掘
かつては　ゴールドラッシュで賑わう
1909年　オリーブオートマン　OLIVE OATMAN
　　　　　敬意を表して街の名前をオートマンに改名
1930年　最盛時　ホテル７軒　酒場20軒
1930年代後半　鉱山閉山
1953年　R66整備　オートマンの町は再び繁栄
当時　鉱山の荷物運びのロバが　そのまま居つく
ロバは米国内務省により保護されている

■オートマンホテル　OATMAN HOTEL
２階建てアドービ構造　最古の建物
1902年　Drulin Hotel
1960年　オートマンホテルと改名
1939年３月18日　クラーク・ゲーブルとキャロル・
ロン・バートが「風と共に去りぬ」をハリウッドで
撮影中 R66をドライブ　キングマンで結婚式
ハネムーンでダーリンホテルへ宿泊
今は　博物館として保存
　　宿泊は出来ないが

部屋番号15号室

ホテルのバー・レストランは営業中
壁や天井あたり一面観光客のサイン入り１ドル札が
貼り付いている　旅の記念にいかが…

月〜金　10:00〜18:00　土・日　8:00〜18:00
☎（928）768-4408

ナビ入力住所	

■ガンファイトショー　OUTLAWS
オートマンホテル付近
毎日　12:00〜12:45　14:15〜14:30
ショーの時間　要確認
outlawwillie.com

88 Main St.
Oatman, AZ

■メーキングメモリーズ
　MAKING MEMORIES
写真屋　昔風の服装でセピア写真
Cash Only　28ドル（2019年）
夏は　お休みをしている事がある
要確認
☎（928）234-0344

110 Main St.
Oatman, AZ

Mica info
どこのお店でも
ロバのエサあります

■ギフトショップニューディギンズ
　NEW DIGG'NS
ロバのエサ　1ドル
毎日　9:00〜17:00
☎（928）768-3233

141 ½ Main St.
oatman, AZ

■ジェイルブレイク　JAIL BREAK
刑務所に入った写真が撮れる
R66が繁栄する前の写真・歴史が展示
当時の刑務所・絞首刑台有り
毎日　10:00〜17:00
☎（805）570-8050

California

CA

カリフォルニア州

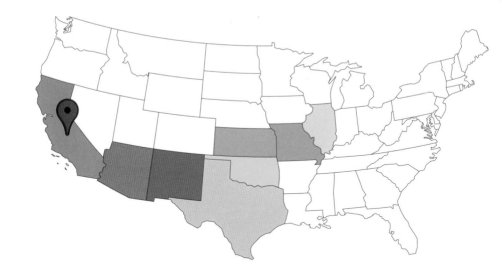

contents

ナビ入力住所

🛞 カリフォルニア州 CA 513.6km

コロラド川を渡ると CA 州

NEEDLES

ニードルズ

CA 州最初の町
モハベ族の言葉「針」　モハベインディアンの居留地
サンタフェ鉄道と並走
かつて　ゴールドラッシュだったが
今は　ほぼゴーストタウン
漫画「ピーナッツ」スヌーピーの作者
　　チャールズ・M（モンロー）・シュルツ氏（1922
　　年～2000年）が1929～31年まで住んでいた街
映画「イージー・ライダー」1969年のロケ地

305-399 W Broadway
St Needles, CA

📍

Mica info
ワゴンホイールレストラン

2420 Needles Hwy.
Needles, CA

ボブ・ウォルトマイヤーが描いた
メニュー（表紙）がある

■ニードルスレイルロードボラックスワゴン
　　NEEDLES RAILROAD BORAX WAGON
1880年代　デス・バレーで採掘されたホウ砂
　　　　　　（塩の一種）を鉄道まで運ぶホウ砂車ワゴン
ワゴンは close した
エル・ランチョ・モーテル
（CA）の物

ワゴンのモニュメントと
R66アイコン

Desnok and E Broad
Way St. Needles, CA

■ルート66モーテル　ROUTE 66 MOTEL
1947年　open　長方形の平屋6部屋　エアコン　ＴＶ　簡易キッチン
今は　ワンルームの apartment
ネオンサイン　2000ドルをかけて修復

2012年6月23日再点灯

ナビ入力住所

149 G St #101,
Needles, CA

950 Front St.
Needles, CA

Mica info
スペインの宣教師
パドレフランシスコガルセスの
名にちなんで名付けた

■エルガルセスホテル　EL GARCES HOTEL
サンタフェパーク　SANTA FE PARK の目の前にある

■エルガルセス駅　EL GARCES TRAIN STATION
1906年9月6日　破壊（当時木造）　火事
1908年4月3日　open　旧サンタフェ鉄道時代の駅舎・
　　　　　　　　　　　　　2階建てのホテル（64室）・レストラン
「王冠の宝石」と言われ初のコンクリートで作られた駅
建設費250000ドル
1949年　close　ハービーハウスホテル・レストラン
1988年　close
2002年　アメリカ国家歴史登録財
2016年5月7日　待合室　開設

AMBOY

かつては宿場町　アンボイ

87520 US Hwy,
Amboy, CA

寝そべっても座っても
車は来ない

モーテル　close
今でもチェックインが
出来そう…

■ロイズモーテル＆カフェ　ROY'S MOTEL CAFE
カフェ＆ガソリンスタンド
1938年　open　古典的グーギー建築
充分な飲料水の供給が無いため
レストランは機能していないが
ペットボトルの水・瓶コーヒー
・マフィン　スナックのみ販売
2008年　再 open　カフェ・ガソリンスタンド

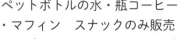

映画「カーズ」ラジエーター・スプリングスのモデル
かつてハリソン・フォードが自家用ジェット機で
目の前の R66を滑走路にして来た際
壁にサイン
代々オーナーが代わり今は無い
毎日　8:00～20:30
☎ (760)733-1066

ガソリンスタンド
営業中

ナビ入力住所

BAGDAD

バグダッド

1875年〜1920年　鉄道運送の街として栄えた
1887年　銀が発見
かつてハービーレストランがあった
デポーサインと1本のパームツリー
1972年　バグダッドの街が無くなった
街の跡は1本のパームツリーのみ

LUDLOW

ラドロー

68315 National Trails
Hwy. Ludlow, CA

■ラドローカフェ　LUDLOW CAFE
アメリカンダイナー
ガラス張りの建物（グーギー建築）
正面に鉱山で使用したマイニングカートと記念碑
毎日　6:00〜18:00　Ⓟ
☎ (760)733-4501

「グーギー建築」
1950年代〜60年代にかけて
アメリカを中心に流行したスタイル
高い屋根・長く突き出たルーフ
内装がよく見える大きなガラスが特徴

ナビ入力住所

NEWBERRY SPRINGS

ニューベリースプリングス

■バグダッドカフェ　BAGDAD CAFE
映画「バグダッド・カフェ」1987年の舞台
ピアノも黄色のコーヒーポットも　当時のまま
コーヒーマシンは　壊れていない

46548 National Trails
Hwy. Newberry
Springs, CA

映画で使われた水道タンクは
今も　壊れている（2019年）
　砂漠地帯なので　手を洗う水は出ない
　　　　　　　　　男子トイレは　流れない
以前はサイド・ワインダーカフェ
1995年にバグダッドカフェに改名

Mica info　♫
主題曲
コーリング・ユー
（ジェヴィッタ・
　スティール）

　7:00～19:00
☎ (760)257-3101

36600 Ghost Town
Rd. Yermo, CA

■キャリコゴーストタウン　ちょっと寄り道
　CALICO GHOST TOWN
西部劇のような古き良きアメリカの街並み
1881年　銀鉱山として栄え
1907年　ゴーストタウン
　　　　西部開拓時代の金鉱の街跡
1951年　ナッツベリー氏により保存
2005年　アーノルド・シュワルツェネッガー知事
　　　　により歴史的建造物に指定

バーストゥから4.8km

タウン内にあるキャリコオデッサ鉄道に乗車できる
最初に銀が見つかった所で機関手さんのアナウンス
土曜日の夜　1880年代のマギー採鉱場の
暗闇を通り抜けるツアー有り

　9:00～17:00
☎ (760)254-2122

ナビ入力住所

35654 W Yermo Rd.
Yermo, CA

■ペギース50ダイナー
　PAGGY SUE'S 50'S DINER
アメリカ料理　ベジタリアン料理有り
キャリコゴーストタウンから　5.5km
毎日　6:00〜20:00
☎ (760)254-3370

35596 Santa Fe st
Ave.Daggett,CA

DAGGETT

モハベ砂漠の中で最も古い鉱山と鉄道で繁栄した街　ダゲット
■デザートマーケット　DESERT MARKET
1908年〜　食料雑貨店
1908年　火事　当時は木造
　　　　　　その後セメントで再建
　　　　　　最初の耐火構造の建物
店の正面　2つの給油ポンプ
　食料品・雑貨・タイヤを販売
当時　砂金をいつでも換金
　鉱山労働者に重要な場所だった
金と銀トータルの価値換算する事が
不可能だった頃　換金OKだった
1953年　砂金・金塊1000ドルが金庫破りに盗まれる
営業中
月〜土　8:00〜20:00
日　　　9:00〜18:00
☎ (760)254-2774

ナビ入力住所	
35565 Santa Fe st Ave.Daggett,CA	■ ダゲットガレージ　DAGGETT GARAGE 1880年代　ダゲット⇆ヤーモ Rd に建っていた 1882年〜1898年　キャリコ銀山の全盛期の 　　　　　　　　　　　　輸送基地 1912年　移築 馬預かり・ガソリンスタンド・車の修理・ 円形機関車庫 第2次世界大戦まで軍隊の食堂 今は　個人所有 正面に記念碑 　　　　　　　⇕　スグ近く　　Spot
35630 Santa Fe st Ave. Daggett,CA	■ ストーンホテル　STONE HOTEL 1875年〜1882年　建造　鉄道ホテル 1階が石造り　バルコニーがある2階建て カフェ・サービスステーション・プール 　街で唯一のホテルだった 1883年　1890年　2回の火事 1908年　3回目の火事で2階を燃えつくした 3回目の火事後再建　平屋の客室 1992年　1999年　地震　再度被害 左隣に PEOPLE'S GENERAL STORE 1900年代初め頃迄営業…廃墟

ナビ入力住所

BARSTOW

バーストー

681 N 1st Ave.
Barstow, CA

■R66マザーロードミュージアム
　R66 MOTHER ROAD MUSEUM
2000年7月4日　open

金・土	10:00〜16:00
日	11:00〜16:00
月〜木・イースター　休み	

☎ (760)255-1890
barstowmuseum@yahoo.com

バーストー駅　サンタフェ鉄道の駅舎＆ホテル
　Amtrak 駅
R66マザーロードミュージアムと併設
プラットホームの反対側　長距離バスの発着所

屋外に
■Western America Railroad Museum
ディーゼル機関車・貨車・客車が展示

■カサ・デル・デシェルトヒストリックハービーハウス
　CASA DEL DESIERTO HISTORIC HARVEY HOUSE
　Casa Del Desierto（砂漠の家）
ウィンズロー（AZ）にあるラ・ポサダホテルと同じ会社が建設
1911年2月22日　ホテル open
1925年　駅とホテルハービーハウス
1974年　close
1992年　大地震　オフィスの入口の壁にヒビが今もある
1999年　再 open　宿泊可能
アメリカ国家歴史登録財

月〜金	8:30〜17:00
土	10:00〜14:00
日　休み	

☎ (760)818-4400

ナビ入力住所	

2階に
政府機関の NASA に関する複合施設
■ナサゴールドストーンビジターセンター
　NASA GOLDSTONE VISITOR CENTER
ガイドツアー有り（英語）　事前予約
月～金　9:00～16:00　　　見学 OK
土　　　10:00～14:00　　　Free
日　休み
☎ (760)255-8688

1611 E Main St.
Barstow, CA

■バーストーステーション　BARSTOW STATION
ファーストフード・フードコート
アムトラックの客車（3両）で食べるスタイル
マクドナルド・Subway・PandaExpress
・ダンキンドーナツ・ギフトショップ
Amtrak バーストー駅から2km
毎日　7:00～21:00　　☎ (760)256-0366

195 W Main St.
Barstow, CA

■R66モーテル　R66 MOTEL
1920年～　平屋建　21室　素泊り　ドライヤー無し
庭には当時の車・R66ディスプレー
24時間対応フロント　Ⓟ　Wi-Fi Free
営業中　IN15:00～23:30　OUT11:00
☎ (760)256-7866

31175 Old Hwy58.
Barstow, CA

■スカイラインドライブインシアター
　SKYLINE DRIVE-IN THEATER
1966年　open
1987年　close
1996年　再 open
2000年　2スクリーン
月～金　19:00～24:00　日　7:00～24:00
☎ (760)256-3333

ORO GRANDE

高地にある砂漠　標高910ｍ　オログランデ

■エルマーボトルツリーランチ
　ELMER'S BOTTLE TREE RANCH
リサイクルアート
父エルマー・ロング（宇宙技術者　故人）
廃棄物が放棄されたモハベ砂漠で民間調査
何百本の古いボトルを息子に託す
2000年に　エルマー・ロング Jr が
高さ3m のパイプに色付きボトルで
クリスマスツリーを制作
Free　寄付で維持

24266 National Trails
Hwy.oro Grande,CA

VICTORVILLE

ビクタービル

16825 S D St,
Victorville, CA

ビクタービル➡
サンタモニカ200km

■カリフォルニア R66ミュージアム
　CALIFORNIA R66 MUSEUM
R66に関する最後のミュージアム
1995年11月11日　open　CA R66協会
開拓の歴史
故ホブ・ウォルドマイヤーさん[2]
愛用車のレプリカがある

火・水・イースター休み
月・木～土　10:00～16:00
日　　　　　11:00～15:00

☎ (760)951-0436
向かいに VICTORVILL 駅　Amtrak 駅（無人駅）
近くに OLD TOWN Ⓥ ROUTE66ゲートがある

ビクタービル駅

ナビ入力住所

2728 W Foothill Blvd
Historic R66
San Bernardino, CA

1398 N E St.
San Bernardino, CA

Mica info
日本初マクドナルド
1971年7月20日
銀座・三越1階
2021年　50周年

SAN BERNARDINO

サンバーナディーノ

■ウィグワムモーテル　WIGWAM MOTEL
1949年　open
アリゾナにあるホルブルックと同じモーテル
ヴィンテージカーは無いが
屋外プール・バーベキュー設備有り
Ⓟ　Wi-Fi Free
ドライヤー無し
チェックイン　16:00　アウト　11:00
オリジナル・マクドナルド　5.5km

■オリジナル・マクドナルド
　ORIGINAL MCDONALD'S SITE AND MUSEUM
ミュージアム　歴代のキャラクターグッズ
当時の歴史・写真展示
1948年　open
15¢　マクドナルド兄弟がここで出した
　　　最初のハンバーガーの値段
入口に「15¢のハンバーガーは
　　　　もう販売はしていませんが
　　　　無料で沢山の思い出をサービスします」
ハンバーガーの販売は無い
毎日　10:00～17:00　Free
☎ (909)885-6324

PASADENA

ナビ入力住所

504 W Colorado Blvd.
Pasadena, CA

4 Westmoreland
Place
Pasadena, CA

Mica info
ロサンゼルス
ダウンタウンから
車で30分位

200 Santa Monica Pier.
Santa Monica, CA

Mica の旅は…つづく…

PASADENA

パサデナ

■コロラド橋　COLORAD BRIDGE
1913年　開通
1989年　地震により閉鎖
1993年　再開通
パサディナフリーウェイが開通する前 Old R66
映画「カーズ」ドライブコースに出て来る橋のモデル
映画のように滝が流れ山道を駆けぬける…は映画のみ

■ギャンブルハウス　THE GAMBLE HOUSE
映画「バック・トゥ・ザ・フューチャー」
1955年のドクの家　　　　　　　ちょっと寄り道
外観のみなら予約しなくても 📷 OK
家の中入場ツアー　WEB で時前予約
当日でもチケット購入出来る

| 月・水　休み　木〜土　11:30〜16:00 |
| 火　11:30〜13:30　日　12:00〜16:00　要確認 |

Ⓟ有り　☎ (626)793-3334

SANTA MONICA

サンタモニカ

■サンタモニカピア　SANTA MONICA PIER
1909年9月9日　open　2009年　100周年
木製の桟橋　桟橋の小さな遊園地パシフィックパーク
映画「フォレスト・ガンプ」「スティング」に
　　　出てくる古い観覧車
屋内型メリーゴーランド（1916年）
アメリカ国家歴史登録財

R66END サイン　End of Trail
正式に1度も END に
なった事は無い

サンタモニカピアが100周年の時設置

ナビ入力住所

1400 Ocean Ave.
Santa Monica, CA

R66サンタモニカ
ビジターセンター

ウィル・ロジャース・
ハイウェイ記念碑

Mica info
1926〜36年
最初の公式起点・終点
1921年11月21日　open
ステートシアタービルディング

703 S Broadway down
town. Los Angeles, CA

ここを目指しビルの目の前
外灯の信号機に
7th St の所にヒッソリ…

Mica info
シカゴIL〜サンタモニカCA
全長　3755km
＋
寄り道…
人生最高の宝探しの旅

■R66サンタモニカビジターセンター
　SANTA MONICA VISITOR CENTER West End of Route 66

車はパーキングに停めて
公園の中を歩いて行くのがおすすめ

サンタモニカピアのアーチを左手に
海を左側に見ながら徒歩で公園の中を真っすぐ進むと
　R66サンタモニカビジターセンターに行ける
ビジターセンターの建物の反対側に
West End of R66の看板 📷 Point

R66サンタモニカビジターセンターより
もう少し先に歩くと
ウィルロジャース・ハイウェイ記念碑がある

　公式な R66の終点　END & BEGIN　標識
Mel's Drive-in
1670 Lincoln Blvd.　お店の目の前
Santa Monica, CA　交差点の標識にある

R66の公式の別名
「ウィル・ロジャース・ハイウェイ」

ちょこっと豆知識

R66の始まり
1926年11月11日　創設　3939km
第二次世界大戦中、軍事用品の運搬道路として創設
2026年11月11日　100周年を迎える

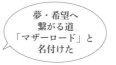

夢・希望へ
繋がる道
「マザーロード」と
名付けた

アメリカ大恐慌時代マフィア、アル・カポネが活躍した時代に
R66の歴史が始まった

アメリカ南西部の経済や産業の発展を促した重要道路

シカゴ→ロサンゼルス　1日1便の列車　定期運行

車のナンバーが初めてついたのも1926年
14日間かけてシカゴからロサンゼルスへ
インターステート・フリーウェイ（州間高速道路）は
ドイツのアウトバーンを参考にして造られた

Route66
1985年廃線

ネオンサイン
矢印があるネオンサインはR66上にある事を示している

フィリップ66
　1920年後半タルサの石油会社がガソリンの新製品のテスト中
　検査員が速度計を見て時速66マイル（約106km）で走っている
　この時の速度と国道の番号をかけて新製品「フィリップ66」と
　名付けられる。現在も1企業として存在している

ハービィハウス
　駅舎に食事とホテルを備えたシステムを作った
　フレッド・ハービーの名前から由来
　ここで働く女性をハービィガールと呼ばれ18〜30歳の若い女性を
　最低1年間は結婚をしない条件で雇用。質の高いサービスを提供していた

マフラーマン　※1
　1960年　インターナショナル・ファイバーグラス・カンパニー
　ガソリンスタンドの広告塔として民話の主人公ポール・バニヤンがモデル
　巨人「マフラーマン」はファイバーグラス製
　高さ5〜8ｍ　当時1000〜2800ドル
　当時、木こり・カウボーイが主だった
　斧を持つ両手を表すのに　このような腕の形状の鋳型を使った
　宇宙飛行士は特注
　1973年　石油危機の影響とファイバーグラスの危険性により需要が激減
　1976年　廃業
　R66に17体

IL＝6	MO＝1	KS＝1	OK＝4	TX＝1	NM＝2	AZ＝1	CA＝1

アメリカ国家歴史登録財
　アメリカ合衆国政府が保存するに値すると考える
　地区・史跡・建築物・建造物の物件の公式リスト

☆ウィル・ロジャース　Will Rogers
　1879年11月4日〜1935年8月15日　OK出身　8人兄弟末っ子
　コメディアン・ユーモア作家・社会評論家・舞台俳優・ワールドトラベラー・
　カウボーイ・アメリカ合衆国全州大使
　オクラホマからR66を使いコラムを執筆。ハリウッドで大成功
　コラムの取材の為に乗った小型機墜落で56歳で死亡
　1952年国道66号線協会により
　公式な別名ウィル・ロジャース・ハイウェイとして登録

☆サイラス・アヴェリー　Cyrus Avery
　1871年　ペンシルヴァニア州生れ
　　　　　　14歳の時OK移住
　石油・保険・実業家・地方行政官
　シカゴ→ロサンゼルス間の道路計画を進めた
　1926年　舗装済み1／3（1280km）
　　　　　　残りは無舗装・泥道・砂利道・板敷き道・
　　　　　　アスファルトを流入したレンガ道

1938年　R66全線舗装完了
R66の道路を造る事により　この時代　失業者解消問題・道路敷設
　　　　2つの難問を一挙に解決
　　　　道＝景気＝夢☆

☆エンジェル・ディルガディーロ　Angel Delgadillo
　1927年４月19日　セリグマン AZ 出身　9人兄弟の真ん中
　1987年　アリゾナ州議会・政府にルート66を保存する団体を全米で
　　　　　　初めて立ち上げ議会で認められ歴史的街道ヒストリック R66が
　　　　　　地図上に再び刻まれた
　　　　　　ルート66協会を8州全てに設立・創立者

☆マイケル・ウォリス　Michael Wallis
　1945年10月7日　セントルイス MO 出身
　作家・歴史家
　作品がピュリツァー賞候補に
　映画「カーズ」で R66歴史専門家として参加
　映画「カーズ」ラジエータースプリングスの保安官シェリフの声
　タルサ国際空港でウェルカムメッセージの声

のんびりは美しい
小さいものは美しい
古いものは美しい
安全なのは美しい

☆ボブ・ウォルドマイヤー　Robert（Bob）Waldmire　※2
　1945年4月～2009年12月16日　IL 出身　　ボブサンの言葉
　R66アーチスト・map・放浪画家（鳥瞰図技法…飛んでいる鳥の目線の風景）
　人生の半分以上を R66で過ごす
　スプリングフィールド IL にあるコージードッグドライブインの
　エド・ウォルドマイヤー・ジュニアの次男
　ハックベリー AZ にある1978年以来 Close していたギフトショップを
　自身で修復
　R66ビジターセンター＆ギフトショップを Open
　ボブの1972年製のワーゲンが映画「カーズ」フィルモアのモデル
　生涯家・家族を持つ事なく改造したスクールバスが住居
　ボブが描いた絵は R66に関する場所に展示
　2004年　ジョン・スタインベック賞　受賞

☆フレッド・ハービー　Fred Harvey
　1835年6月27日〜1901年2月9日　イングランド、リバプール出身
　フレッド・ハービー・カンパニーの創業者　実業家
　17歳の時　ニューヨーク移住
　1876年　最初のレストラン　トピーカ駅（ＫＳ）
　　　　　　その後　7年間でサンタフェ鉄道沿線で17店舗
　1881年　容姿端麗・学識のある18〜30歳代の若い女性を給仕係として
　　　　　　英才教育「ハービーガールズ」誕生
　ハービーは郵便局で働いた経験
　後に鉄道で郵便物を運び（当時ポニーエクスプレス早馬によるリレー郵便輸送）
　ダイニングカーを誕生するきっかけとなる

☆ジェシー・ジェイムス　※3　Jesse James
　1847年9月5日？〜1882年4月3日　MO 出身
　4歳上の兄フランクと
　コール・ヤンガー兄弟（ジム・ヤンガー、ボブ・ヤンガー）と共に
　強盗団を結成
　1864年　16歳の時　南軍のゲリラ部隊に参加
　　　　　　　　　殺人・強盗を覚えた
　1866年2月13日　世界初銀行強盗を成功
　1873年7月　最初の列車強盗　レールを温め綱を引いて脱線　2000ドル
　　　　　　　　　金持ちから金を奪い貧乏人に配る…流儀

日本との時差
　シカゴ　IL．MO．KA．OK．TX
　　−14時間（サマータイム）3月第2日曜日→11月第1日曜日
　ロサンゼルス　CA
　　−16時間（サマータイム）3月第2日曜日→11月第1日曜日
　AZ
　　−16時間　サマータイム無い
　NM
　　−15時間（サマータイム）3月第2日曜日→11月第1日曜日

サマータイム

| シカゴ IL −14時間 | ⇨ | NM −15時間 | ⇨ | AZ・CA −16時間 |

↓ 1時間戻す　↓ 1時間戻す

8州を横断するので忘れずに！

スクールバス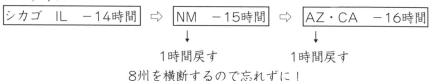

スクールバスが停車したら特に気を付けて！

- 赤いフラッシュライトが点滅したら
  後続車は6m手前即座に停車

朝　8:00前後
午後　3:00前後
登下校時
気をつけて

- 対向車線でこちら向きに止まった時も停車
  バスの側面から stop サインが出るスクールバスがいた時点で絶対に停止

- 児童の乗降が終わり
  フラッシュライト stop サインが消えて

時速20マイル以下
32km

　動き出すまで止まっていなければいけない
　ただし
　中央分離帯がある反対車線に停車した時は停止しなくて良い
　日本には無い　注意事項　スクールバス＝止まる

歴史あるモーテルに宿泊

- ドライヤー無し　必要な方は持って行くと便利
- 朝・夜ごはん無しの素泊り
  事前にスーパーで購入して用意をする
  モーテルの近くの朝食のお店に行く
  日本から携帯湯沸し器を用意（アメリカは壊れていても放置）
  フリーズドライのおかゆ・みそ汁などで胃を休めてあげるのも
  一つの手段(フリーズドライ食品は日本で購入)ドライなっとうもおすすめ
- チェックアウトの時　部屋の鍵は専用に入れる所がある
  朝、無人の所…ブーツコート、ウィグワムモーテル
  ブルースワローモーテルは部屋の中に置いて

R66＝ Route66の略

日程に日本食を組み込む　宿泊の近く・ランチ（都市部・チェーン店有り）
毎日　肉・揚げ物・冷たい飲み物…体調管理に一役

HARLEY ♥ DAVIDSON

Chicago Harley-Davidson
5490 Park Place Rosemont, IL
(847)454-7244
月・火休み
水－土11-19　日11-16

Conrad's Harley-Davidson
19356 NE Frontage Rd. Joliet, IL
(815)725-2000
日・月休み
火－金10-18　土10-17

Illinois Harley-Davidson
9950 Joliet Rd. Country Side, IL
(708)387-8750
月・火休み
水－金10-18　土9-17　日10-16

Hall's Harley-Davidson
2301 N Dirksen Pkwy. Springfield, IL
(217)528-8356
日・月休み
火－金9-18　土9-16

Doc's Harley-Davidson
930 S Kirkwood Rd. St. Louis, MO
(314)965-0166
日・月休み　火－金10-18　土10-17

Hideout Harley-Davidson
5014 S Main Street Joplin, MO
(417)623-1054
日休み　月－土9-18

Route66 Harley-Davidson
3637 S Memorial Dr. Tulsa, OK
(918)622-1340
日休み　月－土8:30-19

Harley-Davidson・World
6904 W Reno Ave. Oklahoma City, OK
(405)631-8680
日休み　月－土9-18

Myers-Duren Harley-Davidson
4848 S Peoria Ave Tulsa, OK
(918)608-1978
日・月休み　火－土9-18

Iron Nation Harley-Davidson
3433 S Broadway Edmond, OK
(405)478-4024
日・月休み　火－土10-18

TriPP's Harley-Davidson
6040 I-40 w Amarillo, TX
(806)352-2021
日休み　月－土9-18

Thunderbird Harley-Davidson
5000 Alameda Blvd NE Albuquerque, NM
(505)856-1600
日休み
月－金10-17　土9-17

Santa Fe Harley-Davidson
4360 Rodeo Rd. Santa Fe, NM
(505)471-3808
日・月休み
火－土10-18

Sedona Harley-Davidson
320 N State Route 89A, STE#1 Sedona, AZ
(928)204-0020
月－日10-18

Mother Road Harley-Davidson
2501 Beverly Ave. Kingman, AZ
(928)757-1166
日・月休み　火－金9-18　土9-17

Grand Canyon Harley-Davidson
12000 Bellmont Rd Bellmont,AZ
(928)774-3896　I-40 EXIT185
日・月休み　火－土9-17

Victorville Harley-Davidson
14522 Valley Center Drive Victorville, CA
(760)951-1119
日・月休み　火－土9-18

Bartels Harley-Davidson
4141 Lincoln Blvd Marina Del Rey,CA
(310)823-1112
日・月休み　火－金9-17　土9-18

Quaid Harley-Dsavidson
25160 Redlands Blvd Loma Linda, CA
(909)796-8399
日・月休み
火－土10-19

Los Angeles Harley-Davidson
2635 W Orangethorpe Ave Fullerton, CA
(714)871-6563
月－土9-19　日10-18

プロフィール

Route66横断2回
アメリカ渡航15回

初アメリカの時、エンジェルさんに出会う
「今　楽しまないで　いつ楽しむの？
ボクはみんながHappyだと
ボクもHappyなんだヨ
You can do it！」

> You can do it
> それを止めるのは
> ただ一人…その人は
> 自分自身

この出会いが旅の原点
エンジェルさんが残そうとしている
R66に興味を持つ事に
tourで　物足りなさを感じた時
セドナに呼ばれ
セドナのガイドYasukoさんに出会う
通訳にYasukoさん　運転ならOKのMasa-akiさんと共に
夢のR66横断へ　宝探しの旅が始まった
アメリカの良き時代の栄光・衰退・現在
R66を知らない世代
知っている世代の人達に
R66の今…を　行って・見て・感じてほしい
3.11　コロナ……何を思い何を感じ何がしていないのか？
見つかっても　見つからなくても "宝探し"
出会いの魔法にかけられ　心の宝物でいっぱいに
Mica notebookを作りました
ガイドブックだけど　未完成
ここからは　"あなたの宝探し"

 2021年　　Mica

driver & photo   Masa-aki
inter preter   Yasuko（Sedona guide）
Proofreading   Ami
planner & photo & author   Mica

ROUTE66 宝探しの旅

2021 年 11 月 4 日　　第 1 刷発行

著　者　MiCA

発行者　木戸ひろし

発行元　ほおずき書籍株式会社
　　　　〒381-0012 長野県長野市柳原2133-5
　　　　TEL 026-244-0235　FAX 026-244-0210

発売元　株式会社星雲社（共同出版社・流通責任出版社）
　　　　〒112-0005 東京都文京区水道1-3-30
　　　　TEL 03-3868-3275